Hafen der Hoffnung

Arthur Noffke

Hafen der Hoffnung

Gdynia (Gdingen) Gotenhafen
1945

Ein Bericht mit Perspektiven

1987

Verlag Dieter Broschat · Hohenwestedt

Zeichnungen
von Stephan Noffke,
Titelzeichnung von Augustin Noffke

Herstellung: Buchdruckerei Dieter Broschat, Hohenwestedt
Printed in Germany

Inhalt des Buches

Hafen der Hoffnung

Erlebnisse

Durchblicke

Beweisstücke

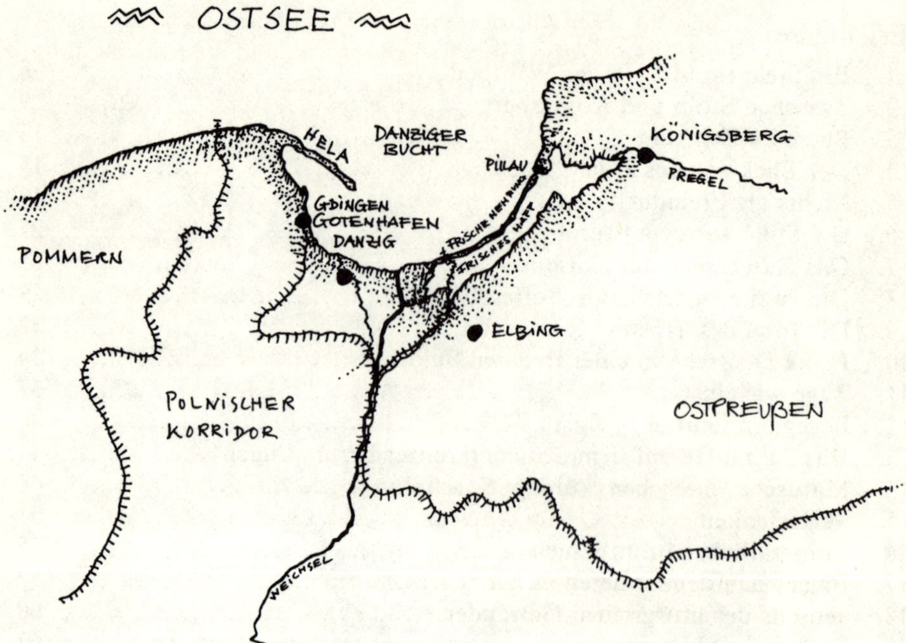

Kartenausschnitt der Danziger Bucht mit Gotenhafen

Hafen der Hoffnung

Verständlicher Weise ist der Titel mehrdeutig. Ist das Leben selbst nicht ein solcher Hafen? War nicht wirklich Gotenhafen unter dem fragwürdigen politisch-kriegerischen Geschehen alles andere als ein Hafen der Hoffnung? Waren nicht alle Hafenbecken, die der freien und friedlichen Handelstätigkeit zur Verfügung stehen sollten, durch den Krieg versperrt und ihrem beabsichtigten Zweck entwidmet? War dann am Ende des Geschehens nicht wiederum alles anders, indem nun dieser Ort der Absprung in eine freiere Welt des Westens und der kommenden Zeit wurde - für viele, viele Hilflose? ! Hoffnung ist ein erhaltendes Element jeden menschlichen Lebens. Sie wird umso stärker, je näher die Bedrohung durch die Feinde rückt. Aber das Leben will leben. Das ist sein Wille und sein Gesetz. Schillers Wort bleibt wahr „ ... und noch am Grabe pflanzt er die Hoffnung auf".

Für die Deutschen jener Tage der Aussichtslosigkeit und Dennoch-Hoffnung gilt kaum ein treffenderes Wort als das von Theognis, eines Griechen aus der zweiten Hälfte des 6. Jahrhunderts vor Christus, wie es von Emanuel Geibel übersetzt worden ist. Theognis an Kyrnos:

> Einzig die Hoffnung blieb von den Himmlischen unter den Menschen,
> zu den olympischen Höhn kehrten die übrigen heim.
> Treue, die mächtige Göttin, entwich, es entwich die gestrenge *Zucht*
> und die Grazien, Freund, suchst du auf Erden umsonst.
> Nicht mehr gelten im Volk die teuersten Eide,
> und der Unsterblichen denkt keiner und ehrt sie mit Scheu:
> sondern der Frommen Geschlecht starb aus, und weder des Rechtes
> Satzungen achten sie mehr, noch den geheiligten Brauch.
> Aber solange du lebst und das Licht noch schaust der Sonne,
> klammre mit treuem Gemüt fest an die Hoffnung dich an,
> und wann unter Gebet süßduftendes Opfer du zündest,
> sei es zuerst und zuletzt immer der Hoffnung geweiht ...

Es gab also Zeiten, die ähnlich wie damals den Menschen am Abgrund sahen, Götterfurcht und sittliche Bindung die Gewissen nicht mehr banden! Tröstet dies? Keineswegs, solche Tatbestände sollten uns belehren und uns von der Schlucht, in die wir stürzen, zurückreißen. Damals nach 1945 haben Millionen Vertriebener und Einheimische nach einem sinnigen Wort Jean Pauls gelebt: „Die Armut und die Hoffnung sind Mutter und Tochter. Indem man sich mit der Tochter unterhält, vergißt man die andere." Das ist ein summarischer Ausdruck für die Erlebnisse und das Verhalten der Menschen, die beide unvergessen nicht allein in mein Gedächtnis eingebrannt wurden.

Ein Stein im Mosaik

Nach einem solchen Krieg, wie dem zweiten Weltkrieg, dessen ursächliche Wurzeln tiefer reichen als die der nationalsozialistischen Herrschaft, dessen Beginn ohne Frage voll zu Lasten Hitlers und dessen kolonialistischer Ostpolitik geht, erhebt sich der Chor der siegreichen Feinde und weiß, daß die Wahrheit auf seiten der Sieger ist. Der Stärkere hat immer recht, als ob Hitler nicht genau nach diesem Grundsatz gehandelt hätte. Nur mit dem Unterschied, daß nun der, der das Recht nicht achtete und meinte ausschließlich der Macht und Gewalt vertrauen zu können, dem deutschen Volke die Folgen dieses Denkens aufbürdete, Recht und Verträge mißachtet und gebrochen zu haben. Die grenzverändernden Fakten nach dem zweiten Weltkrieg sind nun ihrerseits nichts weniger als Verachtung von Recht und Nichtinnehaltung von Zusagen, die besonders von westalliierter Seite gemacht wurden.

Um einen Beitrag zum Frieden zu leisten, ist jede nüchtern-objektiv bemühte Darstellung dessen, wie es einmal war, ein Steinchen im Mosaik des Gemäldes jener schuldvoll-tragischen Jahre. Aus vielen tausend Steinen entsteht dann das Bild, das ein Annäherungswert ist, denn wer wollte sich erdreisten, daß je auch der objektivste Mensch in der Lage wäre, ein wahres Bild einer geschichtlichen Epoche vorzustellen. Es geht immer nur um das ehrliche Mühen, gegen seine eigenen Interessen und Auffassungen der Wirklichkeit, wie sie einmal war, die Ehre zu geben und daraus Wahrheit zu schöpfen. Insgesamt ist die Geschichte der Völker mit einem Triebwerk zu vergleichen, in dem wie durch Transmission jeweils des einen Schuld auf des andern Geschick einwirkt, so daß daraus ein Verbund der Völker untereinander entsteht, wo eines Volkes Schuld möglicherweise das andere zu noch größerer Schuldverhaftung treibt. Eine Nation saugt die andere in die Tiefe und das Wort Schillers: „Die Weltgeschichte ist das Weltgericht", kann sogar zutreffender so heißen: „Das Weltgericht ist die Weltgeschichte". Mosaiksteinchen - in ihren Farben unterschiedlich - werden von Künstlerhand so zusammengefügt, daß ein Bild entsteht, das eine bestimmte Aussage vorstellt.

Aber die einzelnen Steinchen sind wichtig. Sie sind in Gestalt und Farbe das Mittel, ohne das das Bild, das der Wahrheit dienen soll und die Wirklichkeit richtig, wie sie einmal war, wiedergeben soll, nicht möglich ist. Diese kleinen Teile haben ihr Eigengewicht. Sie bedingen das Bild. Sie zwingen den Komponisteur, ihnen und ihrem Recht zu folgen, sie gemäß zu gewichten und ihnen den Platz zukommen zu lassen, der ihnen gebührt. Ein Steinchen ist dieser Bericht, nicht weniger und nicht mehr.

Zwischen Stolp und Königsberg

Graue Herbstwolken hingen an diesem Oktobertag des Jahres 1934 über der Stadt Stolp, dem „Paris des Ostens“, wie man diese alte deutsche Siedlung und spätere Hansestadt nannte. Von Westen erhob sich ein Rauschen, das von Minute zu Minute anschwoll. Mit ihm kündigte sich gegen 15.30 Uhr die Ankunft des Berliner D-Zuges an, der dann gegen 20.00 Uhr Königsberg in Ostpreußen erreichte. Stettin war zwar die Hauptstadt von Pommen, aber die Bevölkerung sah auf Berlin. Dorthin erfolgte der Abtransport der Naturalgüter der Provinz. Von dorther erwartete man auch - unmittelbar von der Reichsmitte - , Anregungen für alle Lebensgebiete. Selbst die großen Koffer der Textilreisenden brachten das Neueste vom Neuen aus der Metropole des Reiches.

Und die Stadt an der Stolpe war nicht reich, aber auch nicht arm. Sie war unverschuldet, was in jener schweren Zeit der Wirtschaftskrise um 1930 eine Ausnahme war. Die Zahl der Arbeitslosen war nicht bedrohlich, aber auch hier eine Last. Man lebte trotz der großen Not im Reich recht zufrieden, und die Bevölkerung, die sowieso von Jugend auf zur Bescheidenheit und Sparsamkeit angehalten wurde, konnte sich gerade deshalb die Erfüllung manches Wunsches leisten. Dies ist deshalb bemerkenswert, weil der Güterumschlag sich zwischen 1929 und 1933 um die Hälfte verringert hatte.

Der vielseitige Verkehr zwischen der Reichsmitte und dieser letzten größeren Stadt in der weiten pommerschen Flanke war lebhaft. Die Studenten besuchten nicht zuerst die heimische Universität in Greifswald, sondern „flogen“ in die Weite des deutschen Landes aus, um ihr Vaterland, das geliebte und zugleich gedemütigte, das an Volkstümern reiche und oft gegensätzliche, kennen zu lernen. Für einen pommerschen Jüngling stiegen romantische Träume auf, wenn er an den Rhein oder den Neckar dachte; ein besonderer Magnet war Heidelberg, das Studentsein in Freiheit und Liebe zu erwarten. Lieder, die diese fernwest- und süddeutschen Landschaften verherrlichten, sang man mit Inbrunst und einer starken Sehnsucht, einmal dorthin zu gelangen. Ähnlich fesselten die angehenden Studenten die Universitäten des sächsischen und thüringer Landes, Leipzig und Jena. Dafür sorgte schon der Unterricht, wenn in ihm die großen Gestalten der deutschen Dichtung vorgestellt wurden. Um Goethe und Schiller kam keiner herum. Mich zog es trotzdem zuerst nicht dorthin, sondern nach Königsberg. Und das hatte seinen Grund.

Die Griechen wußten, daß alle Philosophie mit dem Sichverwundern beginnt. Wer bin ich? Woher komme ich? Was ist die Wirklichkeit, die mich umgibt? Welchen Sinn hat mein bewußtes Dasein? Solche Fragen und andere mehr gingen mit mir auf einsamen Spaziergängen durch die heimischen Wälder und

Felder, ließen mich nicht los und drängten mich in eine Richtung, mein künftiges Leben nicht mit einer meiner Seele fremden Berufswahl zu belasten, sondern mich diesen letzten Fragen, wie man zu sagen pflegte, mit suchender Qual und Inbrunst hinzugeben. Es gab danach nichts anderes, als das Studium der Philosophie und Theologie aufzunehmen.

Keine deutsche Universitätsstadt war so mit dem Namen eines großen Philosophen verbunden, mit dessen kritischer Denkleistung wie Königsberg mit Immanuel Kant. Ich gestehe, daß diese Gestalt für mich einen mythischen Glanz hatte - und dies gerade jenseits der bedrängenden Propaganda, die die damalige deutsche Jugend vom eigenen Nachdenken abzubringen versuchte, um diese ahnungslosen Kräfte in dämonischer List für illusionäre Ziele zu einem willigen Block der Macht zusammenzuschmieden. In meinen Erwartungen lebte und webte in Herz, Verstand und Gemüt die Hoffnung, gültige Antworten auf letzte Fragen zu erhalten. Es ist das Vorrecht der Jugend, vom weisen und reifen Alter mehr zu erwarten als diese zu geben vermögen. Der Mensch, ob jung oder älter, lebt in der Spannung, alles wissen zu wollen und eben gerade „nichts" wissen zu können.

Ich bestieg den Zug, fand meinen Platz und war voller Ungewißheit, was mir denn dies erste Semester bringen würde. Die Dampflokomotive ächzte, so schien es, mühsam aus dem Stolpetal auf die Höhe der Küstenebene. Mein Blick fiel auf die Luftschiffhalle in Seddin, von der vor ungefähr 10 Jahren der Italiener Nobile seine Unglücksreise mit dem Luftschiff, das den Namen „Italia" trug, angetreten hatte. Sodann kam Lauenburg im sogenannten Blauen Ländchen in Sicht, das nach 1933 eine Pädagogische Hochschule erhielt und daher in seinem Ansehen um einige Grade stieg. Lauenburg - letzte Station vor dem Korridor. Die Stimmung im Zuge wurde so grau wie die herbstliche Landschaft, durch die wir uns langsam dem Korridor näherten. Bis 1918-20 war dieses Gebiet zwischen der pommerschen und ostpreußischen Grenze so selbstverständlich deutsches Land, daß die nunmehrige polnische Herrschaft als fremd und ungerecht empfunden wurde. Was sollte es denn überhaupt für einen Sinn haben, Ostpreußen wie eine Insel im fremden Meer schwimmen zu lassen, wenn ein Friede auf Dauer angelegt wird. Und nur dies hat einen Sinn!

Nicht Haß sondern Befremdung bestimmte die Empfindungen, die die Deutschen hatten, wenn sie in irgendeiner Weise mit Polen in Berührung kamen. Aber es war nicht dies Gefühl allein. Hinzu kam der Einfluß der geschichtlichen Tatsache, daß die Polen es durch ihre innere Zerstrittenheit nicht geschafft hatten, ein Volk mit eigener Regierung zu bleiben. Das polnische Territorium war ein mühelos vollzogenes Teilungsopfer der drei angrenzenden Großmächte geworden. Unterworfene können den Siegern wenig Achtung abgewinnen, wenn

auch andererseits das polnische Volk durch alle demütigenden Schicksalsschläge hindurch ein imponierendes Treueverhältnis zu sich selbst bewies.

Zu einer weiteren Minderwertung dieses Volkes berechtigte die Erfahrung, daß der Fleiß und die Redlichkeit nur dann den polnischen Menschen zierten, wenn dieser im Wirkfeld preußischer Lebensführung arbeiten und leben durfte. Zuletzt trennte die beiden Völker im Bewußtsein des östlichen Deutschen der Konfessionsunterschied, hier evangelisch und dort römisch-katholisch. Es gab so etwas wie ein evangelisches Vorrangbewußtsein.

Aber all das äußerte sich nicht in Haß und Widerwillen. Kluge Ostpolitiker bedachten sogar den Vorteil, der sich für Deutschland aus der eingeklemmten Lage dieser Nation ergab. Seit alter Zeit waren nicht die Deutschen, sondern immer und vornehmlich nur die Russen die Todfeinde - der große Bruder im weiten, unermeßlichen Osten! Ein Konflikt mit Rußland mußte die Polen in eine Zwangslage bringen. Das Land lief stets Gefahr, Kriegsschauplatz zu werden. Deshalb verband sich Polen mit Frankreich, um sich gegen die beiden angrenzenden Mächte zu schützen.

Befremdung also, als der polnische Zollpolizist den Wagen betrat, Befreiung, wenn er diesen wieder verließ.

Nach dem längeren Aufenthalt in Groß-Boschpol und der Erledigung der üblichen Formalitäten schlich der Zug an dem ehemaligen deutschen Städtchen

Neustadt vorbei durch den Norden der „armen“ Tuchler Heide. Schon hier zeigte sich ein für den deutschen Betrachter ungewöhnliches Bild. An den Rändern dieses Ortes tauchten armselige Hütten auf, eine Art Notunterkünfte, die einen dürftig-schmutzigen Eindruck machten. Ausweis der Armut? Ausdruck eines anderen Volkscharakters? Nicht lange danach erschien jene Stadt, die in genau 10 Jahren später zum Hafen der Hoffnung für Hunderttausende Deutsche wurde -- Gotenhafen (Gdynia).

Zum ersten Mal sah ich diese moderne Neugründung mit vielen, vielen Millionen Goldfranks aus Frankreich. In gut zehn Jahren war dieser Ort entstanden - als einziger polnischer Großhafen mit 10 Becken - für den gesamten polnischen Handel und vor allem für die Ausfuhr der oberschlesischen Kohle. Gewiß war auch noch Danzig da, aber diese alte deutsche Handelsmetropole des Ostens war ein Freistaat von des Völkerbundes Gnaden. Polen mußte seinen eigenen Hafen haben. Und dieses Gdynia kannte keinerlei Geschichte und entbehrte damit jeder Schönheit. Schon in jenen wenigen Minuten der ersten Anschauung aus dem Zuge graute mich diese Stadt an - Häuser, Hallen, Anlagen, Straßen, Bahngeleise ..., das war sie - ohne eigentliche Mitte - ohne Dom - mit Häusern um zu wohnen, mit Werkstätten um zu arbeiten! Seelenlos und kalt das Ganze! Und dennoch war ein Vorwurf nicht berechtigt. Hier war nichts organisch gewachsen - hier hatte die Notwendigkeit den Architekten eingewiesen.

Nicht einmal aus der fernsten Ferne wäre mir der Gedanke gekommen, daß diese Stadt für mich in meinem jungen Leben Bedeutung haben könnte - in dem bedrohlichen Drama des Krieges - Überleben oder Tod! Zudem hatte das Hitler-Deutschland zu meiner Freude einen Freundschaftsvertrag mit Polen geschlossen! Und die Hoffnung hatte ein gewisses Recht erhalten, daß die Probleme zwischen diesen beiden Völkern, die so tragisch nach 1918 miteinander verflochten waren, friedlich gelöst werden könnten. Angesichts des zunehmenden, dem deutschen Volke täglich vermittelten nationalistischen Erfolgs- und Überwertigkeitsrausches keimte der Argwohn, daß dieser Vertrag ein listiges Manöver wäre, im Osten Ruhe zu haben, um die Probleme im Westen gefahrloser lösen zu können. Noch schien es aber so, als wäre der Diktator in Berlin eine glaubwürdige und berechenbare Persönlichkeit. Es war noch beinahe alles offen. Allerdings war schon der Mord an Röhm und vielen anderen Persönlichkeiten an jenem dunklen 30. Juni geschehen, der das Volk seltsam befremdete und nachdenklich stimmte, daß es hier offensichtlich doch um mehr ging als um die Beseitigung eines Perversen. Und an den Rändern des öffentlichen Geschehens war der Konflikt zwischen dem Totalitätsanspruch der Partei und der Botschaft der Kirche unausweichlich gegeben.

Blitze im Zentrum

Königsberg, die Hauptstadt Ostpreußens, war eine schöne und eine historische Stadt. Es schmückten sie nicht allein die in der Reformationszeit gegründete Universität - die Albertina - nicht allein der Dom am Pregelfluß, sondern auch und vornehmlich das Schloß, in dessen Kirche sich der Kurfürst Friedrich III. von Brandenburg zum König von Preußen als Friedrich I. krönte. Es war auch der Ort, an dem der General York die ostpreußischen Stände nach Napoleons katastrophaler Niederlage im Winter 1812 zum Befreiungskampf gegen den Unterdrücker aufrief. Und nachdem man den unglückverheißenden Korridor geschaffen hatte, war Königsberg mehr noch als die Hauptstadt einer preußisch-deutschen Provinz, die Mitte eines abgehängten deutschen Gebietes, das von Polen und Litauern, größtenteils römisch-katholischer Konfession, umgrenzt war.

Wir Studenten vom Reich empfanden dies Abgeschnittensein nicht als Last. Es war eine deutsche Stadt wie jede andere auch im Süden oder Westen des Reiches. Wir hatten auch nicht die Empfindung, wir müßten durch unsere Anwesenheit das deutsche Element stärken. Wir waren Deutsche und selbst die Masuren hatten sich nach 1918 eindeutig zu ihrem deutschen Vaterland bekannt. Dennoch gab es ein verständliches Bewußtsein von Einsamkeit und möglicher Bedrohung, wenn es zu einem kriegerischen Konflikt zwischen Deutschland und den Ostvölkern kommen würde. Immerhin waren nach 1914 die riesigen russischen Armeen in dies Land eingedrungen, und man hatte sogar die Absicht, das Gebiet bis zur Weichsel dem Feinde preiszugeben. Die berühmte Schlacht von Tannenberg erbrachte das Ende der russischen Südarmee und nahm der Bevölkerung die Angst, der Walze aus dem weiten Osten ausgeliefert zu sein.

Am 18. Januar 1935 versammelten sich der Lehrkörper und die Studenten in der Aula der Albertina zur Erinnerung an die Gründung des Deutschen Reiches im Spiegelsaal des Schlosses zu Versailles im Jahre 1871. Dazu waren ebenfalls die Spitzen der Behörden und der Wehrmacht erschienen. Die Rede hielt der Gaustudentenbundführer. Der eleganten braunen Uniform entsprach die schneidige Rede, die dieser junge Mann im vollen Bewußtsein des unter den Nationalsozialisten erwachten Deutschlands hielt. Dabei blieb es nicht aus, daß er es mit der historischen Wahrheit nicht sehr ernst nahm und Geist und Sachlichkeit im Propagandapathos untergehen ließ. Als er dazu noch verletzende Äußerungen gegen die soldatische Ehre vom Stapel ließ, erhob sich der kommandierende General mit seinem Gefolge und verließ den Saal. Noch am gleichen Abend reiste der damalige Rektor der Universität nach Berlin, um dramatische Folgen zu unterbinden. Dieser Chef der altehrwürdigen Alma Mater, an der einst im 18. Jahrhundert einer der klügsten Söhne der Stadt

Immanuel Kant jahrzehntelang auf den ihm gemäßen Lehrstuhl der Philosophie gewartet hatte, bemühte sich in einer kulturideologischen Analyse des Griechentums die Urahnen des neuen deutschen Selbstbewußtseins nachzuweisen, indem der Mensch durch den heroischen Einsatz zur Enthüllung dessen, was Wahrheit ist, gelangt.

Dieser Vorfall bewies, daß es noch einzelne Persönlichkeiten gab, die sich nicht alles gefallen ließen und einen eigenen Standpunkt zu behaupten bereit waren. Aber der allgemeine, sich verstärkende nationale Rausch deckte sie letztlich doch zu.

Zur gleichen Zeit kam es zu ersten offenen Kämpfen zwischen der Evangelischen Kirche und der Partei. Es gab Pastoren, die der NS-Bewegung dergestalt entgegenkamen, neben der Bibel als alleingültiger Quelle der Offenbarung Gottes das eigene Volk, dessen Kräfte, Wesensart und Geschichte als weitere Quelle gelten zu lassen. Um diese Frage entstand der Kirchenkampf, der die Gemüter mehr erregte als es heute einem Zeitgenossen verständlich gemacht werden kann. Wer sollte in der Kirche das Sagen haben - der Gott, der sich im biblischen Wort und Geschehen enthüllt oder ein Gott, der mit dem Selbstbewußtsein des Volkes identisch ist und der alles gutheißt, alles duldet, was die nunmehr von jeder unabhängigen Kritik freie NS-Partei für recht und richtig hält?! Im Kirchenkampf brach blitzartig der weltanschauliche Irrweg der NS-Partei auf. Ohne die Freiheit Gottes und dessen richtende und läuternde Autorität war das Volk und seine Zukunft ohne Einschränkung dem wuchernden Machtwahn der neuen Herren ausgeliefert. In der Stadthalle wurden von den Professoren der ev.-theologischen Fakultät die klärenden Vorträge gehalten und das Gesagte in den Aussprachen vertieft. Die Universitätslehrer gingen voran. Der Kampf der Bekenntnisfront führte zu einer Christenverfolgung, von der man heute wenig weiß oder gar nichts wissen will. Gegen 200 Pastoren und Kirchenälteste, Juristen und andere Gemeindeglieder waren verhaftet. Eben nicht Martin Niemöller und Paul Schneider allein.

Ging es bei der Jubiläumsfeier in der Aula der Albertina um die Ehre der deutschen Geschichte und die eines Standes, so in der Stadthalle um die entscheidende Frage, wie die deutsche Zukunft aussehen würde.

Die Partei wollte das uneingeschränkte Herrschaftsrecht über den Geist, die Seele und den Körper des Menschen. Der deutsche Mensch sollte nicht Gottes Eigentum sein, sondern allein dem Totalitätsanspruch der NS-Bewegung unterstehen. Er sollte seine Eigentlichkeit, ja, seine Freiheit als Geschöpf Gottes verlieren.

Aber dieser Kampf hatte über den einzelnen Menschen weit hinausgreifende Bedeutung. Er lieferte das gesamte deutsche Volk und nicht nur dies, sondern viele andere Völker dem Herrschaftswahn des dem göttlichen Richter und dessen Autorität enthobenen sogenannten Führers aus. Propagandistische Täuschung, Lüge, Eidbrüche, illusionäre Vorspiegelung falscher Tatsachen, brutale Morde und Verachtung der Menschlichkeit, Kriegsplanung und Kriegsführung, seltsamer Vorsehungsglaube, und die zuletzt rücksichtslose Opferung eines wertvollen Volkes wie des deutschen und jüdischen entsprangen mit dämonischer Folgerichtigkeit dieser wirklichkeits- und wahrheitswidrigen Selbstermächtigung. Der Kirchenkampf war wie das Licht eines Scheinwerfers, das sich auf das dämonische Gekräusel der nach außen so rettend-hilfreich sich gebärdenden Führer richtete und diese enthüllte. Praktische Gottlosigkeit endet allemal in Resignation oder in Illusionen jenseits einer nüchternen Begegnung mit der Wirklichkeit. Gott erhält Leben. Darum erzieht er uns zu täglicher Buße und zur Nüchternheit gegenüber uns selbst und den Dingen. Die Dämonen, die die Illusionen zum ansprechenden Mittel ihrer Herrschaft machen, kosten Blut.

So war es damals in der schönen, würdigen und alten Stadt Königsberg. Die Illusion beherrschte den Raum unseres Volkes. Wer konnte das erkennen? Die Wahrheit mußte sich in den Winkel verkriechen. Der Untergang begann - Jahre, bevor der zweite Weltkrieg alle Tore der Marstempel, die schnell errichtet worden waren, weit aufriß. Es begann alles viel eher, als der schlichte, ehrliche Deutsche es zu erahnen oder gar zu wissen in der Lage war. Am Horizont der Stadt, dessen größter Sohn den Traktat „Vom ewigen Frieden" 1795 verfaßt hatte, erhoben sich damals die blutroten Geister ihres Endes. Es dauerte genau nur zehn Jahre. Dämonen haben es immer eilig...

Der Blick aus der Zelle

Das nächste Geschehen, das eine Berührung aus der Ferne mit Gotenhafen brachte, lief in der Seestadt Pillau ab. Der große Kurfürst, dessen Denkmal heute in Eckernförde steht, gründete sie als sein „kleines Amsterdam". Dort hatte er auch die Anfänge seiner brandenburgisch-preußischen Marine stationiert, und zwei Generationen später hatte sein Enkel Friedrich Wilhelm I. im Jahre 1732 dann 66 Schiffe mit Salzburger Glaubensvertriebenen hier landen lassen, um diese in dem von der Pest entleerten Lande anzusiedeln.

1941 war der Kern der Festung noch erhalten - mit den Kasematten, dem Hof, auf dem exerziert wurde, der Kirche, anderen zweckdienlichen Gebäuden und dem Gefängnis, das unweit des Gotteshauses an der östlichen Längsseite desselben errichtet worden war. So, als hätten beide Bauten unmittelbar etwas mit der Zucht und der Ordnung der Marine zu tun. Und es war auch in der Tat so. In der Kirche wurden u.a. die heiligen zehn Gebote vorgestellt - mit dem bekannten Schluß Martin Luthers: Gott dräuet zu strafen alle, die diese Gebote übertreten ... und unweit davon hatte der Deliquent zu büßen, wenn er sich gegen die von Gott geheiligte Ordnung vergangen hatte. Der Gehorsam vor den Geboten war der Schutz Gottes, den der Allmächtige und Allweise in die Eigenverantwortung seiner Kinder legte, damit diese sich vor Unfrieden, Unordnung, Verbrechen und der Selbstzerstörung ihres wertvollen Lebens bewahren sollten und auch konnten. Die Gebote waren und sind die göttliche Grundhilfe, die die Menschen nur zu ihrem eigenen Schaden vernachlässigen oder sogar verachten.

Ein Marinesoldat war es denn auch, dem ich in einer der Einzelzellen des Gefängnisses als Standortpfarrer begegnete. Noch nie hatte ich in meinem bisherigen Leben ein Gefängnis betreten. Für einen bewußten Christen war das Haus das finstere Abseits des redlichen, bürgerlichen Lebens.

Hier nun handelte es sich um das Gewahrsam für Soldaten, die sich selbst mit ihren Pflichten in Konflikt gebracht hatten. Kameradendiebstahl, Beleidigung von Vorgesetzten, Entfernung von der Truppe oder gar Fahnenflucht waren Delikte, die weniger oder sehr hart gesühnt werden mußten.

Keine Zelle ohne den typischen Gestank der verbrauchten Luft, der mangelnden Hygiene und des Eimers und kein Insasse ohne den Verlust seines sonstigen Erscheinungsbildes und einer fröhlichen Zuversicht.

So stand er denn vor mir in der engen, grauen Zelle - der „Lord“ aus Kiel, vormals in Freiheit Unterbannführer und jetzt mit 15 Jahren Zuchthaus bestraft. Was lag näher als ihn mit der Frage anzugehen, wie er zu einer so hohen Strafe gekommen war. Wer in dieser Zelle den Inhaftierten mit seiner Anwesenheit beglückt, wird, und wenn er dazu noch Pastor ist, mit einem ausführlichen Bericht rechnen müssen. Wo unter äußerem Zwang geschwiegen werden muß, wächst ein Druck, sich die Seele freizureden.

Wie es dazu kam? Über 100 Tage Entfernung von der Truppe! Der Polenfeldzug war schneller und leichter zuende als zu erwarten war. Unser Marinemann war beim Kampf um Gotenhafen eingesetzt. Als HJ-Führer zu befehlen, war ihm leichter gefallen als in der Marine zu gehorchen. Er war robust und eignete sich eher zu einem Schläger als zu einem anständigen Soldaten. Der Feldzug war aus! Es wurde über das erträgliche und erlaubte Maß hinaus getrunken, so daß unser Deliquent erst nach mehr als 24 Stunden in einer Hütte unweit des Hafens erwachte. Er wußte nicht, wie er dorthin gekommen war. Einen ganzen Tag nicht bei seinem Haufen zu sein, bedeutet Strafe. Wird es nicht nach dem Sieg eine Amnestie geben, womit er die Strafe umgehen kann? So dachte er, so glaubte er, so warf er seine Uniform fort und kleidete sich zivil. Und damit begann der Weg, der als Flucht und Versteckṡuchen von Tag zu Tag belastender wurde. Selbstverständlich waren die Personalien des Flüchtigen allen zuständigen Stellen im damals großen Deutschland bekannt gemacht worden, so daß jeder Tag die Festnahme bringen konnte. Er reiste vom Osten nach dem Westen, vom Norden nach dem Süden, stets von der Angst gefangen und gequält, der beginnende Tag könne der letzte seiner Freiheit sein. Und verfügte er auch über einen sehr robusten Charakter, eine unheimliche Furcht umklammerte ihn und belehrte ihn täglich, wie aussichtslos seine Lage war. Auf den Gedanken hin, Deutschland zu verlassen und irgendwo nach Norden oder zum Balkan hin die Grenze zu überschreiten, kam er nicht. Er drehte seine Runden in seinem Vaterland. Mehr als drei Monate hatte er dies Spiel mit Erfolg betrieben. Er war im großen Berlin gelandet, das seinen ersten Kriegswinter mit beginnenden Entbehrungen durchleben mußte. Er fuhr in der S-Bahn, als ihn ein Zivilist sehr bewußt ansah, als ob er ihn kenne, aber sich nicht traute, ihn anzureden. Immer wieder sah ihn der Fremde und Unbekannte an, und dabei wurde der ins Visier Genommene unruhig, und auf seinem Gesicht erschien deutlich eine Verlegenheit, die den Betrachter darin bestärkte, es müsse mit diesem Mann etwas nicht in Ordnung sein. Um der seelischen Umklammerung zu entgehen, stieg unser Marinemann bei einer beliebigen Haltestelle aus und verschwand in der Toilette, blieb darin ungewöhnlich lange, um seinen Verfolger abzuschütteln. Als er den Ort seiner bedachten Zweckmäßigkeit verließ, stand unweit von dem Eingang der Mann, der ihn nicht aus den Augen ließ. Eine neue Bahn rauschte heran. Der Flüchtige stieg ein, der Verfolger betrat das gleiche Abteil, näherte sich ihm, zeigte seine Marke und meinte, es müsse mit ihm etwas nicht stimmen. Und alles andere kam dann so, wie es in solchen Fällen abzulaufen pflegt. Die lange Zeit des Umhergetriebenseins hatte selbst diesen Menschen zermürbt und seinem Gesicht die Merkmale für eine berechtigte Verdächtigung aufgeprägt.

Das Urteil auf 15 Jahre Zuchthaus fiel milde aus. Aber der ehemalige Unterbannführer war kaum einer Einsicht, daß er Schuld auf sich geladen hatte, fähig. Er bekam Briefe von seinem Mädchen aus Saßnitz auf der Insel Rügen, die ihm ihre Not angesichts ihrer Schwangerschaft klagte. Er schüttelte herzlos und gewissenlos seine Verantwortung von seinen Schultern: das ist ihre Sache, daß sie willig gewesen war; jetzt soll sie damit fertig werden, er habe mit sich selbst genug zu tun. Es war wie wenn Heinrich Heine in seinem Gedicht von den Napoleonischen Grenadieren schreibt: „Laß sie betteln gehen, wenn sie hungrig sind". Gemeint sind die Frauen und die Kinder der Napoleon treuen, aber besiegten Soldaten.

So erschien dieser Kraftprotz vor mir, als sei er nun endlich frei von der Angst des Verfolgten und frei für neue Taten, die das Ende des bisherigen oder den Anfang eines neuen, noch belasteteren Lebens brächten.

Auf sein Erscheinungsbild traf der dritte Vers von Rainer Maria Rilkes einzigartigem Gedicht über den Panther zu:

Der weiche Gang geschmeidig starker Schritte,
der sich im allerkleinsten Kreise dreht,
ist wie ein Tanz von Kraft um eine Mitte,
in der betäubt ein großer Wille steht.

In der Tat, der Gefangene wirkte wie ein Tiger, der auf und ab in seinem engen Käfig geht und nicht begreifen kann, daß ihm die Freiheit in der Wildnis genommen wurde. Tag und Nacht in dieser Enge zu verharren, auch bei der kargen Kost kaum ein Nachlassen der Kräfte zu spüren, mußte dazu führen, einen neuen Fluchtversuch vorzubereiten. Dazu stand weniger die List, eher aber die Gewalt und wenn nötig ein Mord als Mittel zur Erlangung der heiß ersehnten Freiheit zur Verfügung. Zur Listanwendung fehlte es ihm an Verstand, zum Mord waren alle Voraussetzungen gegeben. Wie steigert sich die Kraft eines Mannes, wenn es um Leben oder Tod, kurzum um das Ganze geht!

Seltsamer Weise befand sich in diesem kleinen Gefängnis ohne große räumliche Ausdehnung und ohne eine Kriminalgeschichte gleichsam als Ernte der ersten Kriegsmonate ein Typ aus Berlin, der mit seinem Dialekt deutlich seine Herkunft zeigte, in der Ausstattung mit Körperkräften dem Kieler sogar überlegen zu sein schien. Beide zusammen waren eine geballte Kraft, vor der zehn andere Männer sich mit Recht fürchten konnten. Der Berliner hatte etwas von der heiteren Munterkeit der Bevölkerung der Hauptstadt an sich, und seine Erscheinung wirkte nicht so bullenhaft, wenn auch in keiner Weise weniger kräftig als die des Kielers. Beide zusammen waren ein furchterregendes Gespann. Und diese taten sich zusammen, um mit gemeinsamer Kraft zur Freiheit zu gelangen. Sie müssen sich bei dem täglichen Rundgang im Gefängnishof gesprochen haben. Die Wache muß den Kontakt der beiden nicht belauscht haben. Sie waren sich jedenfalls einig zu gemeinsamem Tun. Der Druck des ehemaligen Unterbannführers war stärker, denn er hatte 15 Jahre zu büßen, wobei das Urteil noch nicht einmal bestätigt war, indessen der Andere nur viereinhalb Jahre zu sitzen hatte.

Da beide noch vor der Festlegung des endgültigen Urteils standen, dürfte ihnen Literatur ausgehändigt worden sein. In der Zelle des Kielers bot sich das Heft von Vellhagen und Klasing an, um auf der unbedruckten Rückseite eines Kunstdruckes ein Briefchen zu schreiben - eben an den Berliner Kampfgenossen, das folgenden Inhalt hatte:

„Ich habe aus meinem Bettlaken ein Würgeseil gemacht. Von meinem hölzernen Bettgestell habe ich einen Schlagstock gefertigt. Beides ist so getarnt, daß es nicht entdeckt werden kann. Wenn heute nach Mitternacht die Wache gewechselt hat und nach einiger Zeit Ruhe eingekehrt ist, dann klopfe ich, der Wachposten öffnet zu seiner Nachfrage die verriegelte Tür, ich überwältige ihn, halte ihm den Schlund zu und ziehe das Seil zusammen, daß er keinen Ton von sich geben kann. Dann nehme ich sein Schlüsselbund, öffne deine Zelle, und wir entweichen - eiligst an der unteren Wache vorbei, also dem zweiten Wachhabenden - und entschwinden in die Nacht hinaus.“

Das also war das Vorhaben. Und dieses stand auf der Rückseite jenes Blattes, das einen bunten Blumenstrauß darstellte. Gegen Mittag lief dieser Vorgang ab, daß der Wachhabende bei der Essensausteilung das Heft empfing und es sofort an den Berliner Komplizen weiterreichen sollte. Aber dieser Soldat hatte es nicht so eilig. Er ging nach der Fütterung der Inhaftierten in die Wachstube und legte zunächst das Heft auf den Tisch. Wer solche Stuben kennt, weiß, daß dort kaum Bücher zu finden sind. Da stehen ein paar Stühle, ein Tisch an der Wand, die Gewehre, und es stinkt nach Zigarettenrauch und wenig gepflegten Männern. So war es auch hier. Kurz darauf erschien ein anderer Kamerad aus seiner Kasematte, stutzte, staunte und war erfreut, das Heft mit dem schönen Blumenstrauß wiederzusehen, nahm es, äußerte sich glücklich über das Auffinden des Gesuchten, denn es sei in dieser Nummer ein Blatt, das er sich an die Wand über seiner Koje heften wolle. Er blätterte, fand das Bild, bemerkte, daß auf der Rückseite geschrieben worden war und war darüber sehr unmutig, las den kleinen Brief des Kielers an den Berliner und entdeckte darin den für ihn heute Nacht geplanten Tod. Er pries Gott, daß er über die Liebe zu den Blumen und eine glückliche Führung gerettet wurde.

Die harten Maßnahmen, die auf einen solchen unerhörten Anschlag folgten, bestanden nicht allein darin, daß Posten vor den beiden Zellen aufzogen, sondern daß das Strafmaß sich erheblich verschärfte - hin zur Erschießung oder zur Eingliederung in jene Todesbataillone, aus deren Einsatz selten einer heil zurückkehrte.

In Gotenhafen hatte es mit diesem Fall angefangen. Es war die erste Begegnung mit einer Seite des Kriegsgeschehens, die in der breiteren Öffentlichkeit schon deshalb nicht laut wurde, weil die Familien der Betroffenen um ihrer selbst willen nichts anderes tun konnten als fugenlos zu schweigen. Am 12. Dezember 1944 wurde mir dann diese Stadt zur dunkelsten, wenn auch nicht zur gefährlichsten Station während des unglückseligen Krieges.

Wenn sich der Unverstand mit der Gewalt verfreit,
entsteht aus dieser Eh' die tollste Grausamkeit.
Logau

Nichts als Fremdheit ...

Der 12. Dezember 1944! Seit 1939 Krieg! Überall - auch über Europas Grenzen hinaus verbluteten deutsche Soldaten oder versanken mit den U-Booten, diesen Stahlsärgen, in den Tiefen der Meere. Die Wogen des Leidens erschlugen den Nachdenklichen, der zudem vor den Trümmern seiner Stadt stand oder seine Heimat im drohenden Schatten der russisch-bolschewistischen Armee sehen mußte. Die Wogen des Leides überflossen alle Dämme. Die Todesernte schwoll an. Das ganze Vaterland wurde buchstäblich in seinen Städten und in den Herzen der Menschen zertrümmert. Das Volk ertrug alles voller Geduld und sah seinem schwersten Kriegswinter entgegen.

Gotenhafen lag in jenem vorweihnachtlichen Monat äußerlich unberührt vom Kriegsgeschehen da. Die Menschen wußten, daß die nächsten Monate die Entscheidung, das heißt die Niederlage Deutschlands bringen würden. Die grauen Hausfassaden unterstrichen diese Trostlosigkeit. Und nur der Blick auf das Meer gab eine Hoffnung frei, daß man mit einem fahrenden Untersatz, wie die Marine ihre Schiffe nannte, den freien Westen erreichen könnte. Wer an den Osten denken mußte, rechnete mit all' den Greueln, zu denen die russischen Eroberer, von der Haßpropaganda gegen die deutsche Bevölkerung aufgehetzt wurden. Vergewaltigung, willkürlicher Mord an Zivilisten, Verschleppung nach Sibirien, Hunger, Tod!

Wer wie ich in jenem Monat die Stadt betrat, mußte sich sagen, daß er hier eigentlich nichts zu suchen hätte, war es doch eine polnische und keine deutsche Gründung. So war denn auch die Wohnung, in der ich meine Bleibe finden sollte, eine fremde Höhle, die das Unrecht der letzten Jahre deutlich ausatmete. Wo war die polnische Familie geblieben, die hier einst für wenige Jahre ihre glückliche Behausung gefunden hatte? Wieviel Unrecht war ihr mit der Aussiedlung angetan worden? Vielleicht war es sogar eine jüdische Familie gewesen, die in dem verhältnismäßig komfortablen Hause gewohnt hatte? Ein Marineoffizier, ein höherer Beamter? Welches Geschick war über sie hergefallen? Zuerst Freundschaftsvertrag, dann Krieg! Waren es die Möbel des Oberpfarrers, der hierhin eingewiesen worden war? Ich ging durch die Räume, und es wehte mich eine Kälte an, als raunte es aus den Wänden, du gehörst nicht in diese Räume; wir lassen dich frieren und hier wirst du keine fröhliche Stunde erleben. Was war es denn, was man einbrachte? Die notwendigen Utensilien und die Uniformen zum Wechseln, Wäsche. Man ging und kam! Draußen wartete der Winter, um mit Schnee und Eis die Fenster, die Straßen und selbst die Schiffe zu belasten.

Kälte und Frost allüberall, ein freudloses, banges Erwarten des Zukünftigen, das einer dunklen Höhle, dem Wohnsitz enthemmter Dämonen, glich. Und es betraf alle. Das war kein Trost. Es machte das Leben nur noch schwerer. Hölderlins Verse kamen mir in den Sinn:

Weh mir, wo nehm ich,
wenn es Winter ist, die Blumen,
und wo den Sonnenschein
und Schatten der Erde?
Die Mauern stehn
sprachlos und kalt, im Winde
klirren die Fahnen ...

Muß der Mensch erst in seine selbstverschuldete Qual versinken, nichts als Sturm, Strafe und Untergang unmittelbar vor sich zu sehen, um zur Vernunft zu kommen? Es scheint in der Tat, so zu sein. Im zweiten Jahr seiner Gefangenschaft nach der Katastrophe von Stalingrad schrieb sich ein gebildeter deutscher Offizier das nachfolgende Gebet vom Herzen:

Nachtgebet 1944

Herr, bleibe bei uns, denn das Dunkel naht!
Sei Du uns Licht zu dankbarem Erwachen -
Sei Du uns Weg, wo alle Brücken brachen -
Sei Du uns Kraft zu froher, neuer Tat!
Herr, schütze Du mit Deiner starken Hand,
wo wir allein zu schützen nicht vermögen -
Herr, schenke unsern Lieben Deinen Segen -
Sei gnädig unserm schuldbeladnen Land!

Nimm unsre Last in Deine Gnadenhände -
Vergib, was wir gefehlt des Tags hinieden -
Laß reifen unser Tun in Deinem Namen!

Du sei uns Anfang, Herr, Du sei uns Ende!
Du führe uns durch dieses Dunkels Wende
und gib uns Frieden --, Amen.

Und Gerhard Schumann bekannte in geistlicher Hellsicht die tiefere und eigentliche Ursache des entsetzlichen Geschehens:

Wir reden, weil es tödlich uns umschweigt.
Wir jagen, die aus Angst zur Tat Verfluchten,
die immer nur die eigne Fratze zeigt.
(Wir aber sind das Korn)

Die Stille vor dem Sturm

Diese unheimliche Stille, geradezu das Gegenteil von Ruhe, - es schweigt nahezu alles, was sich sonst munter oder traurig äußert. Das Hereinbrechende fegt sich die Bahn frei, bricht schon zuvor Hindernisse, die sich ihm entgegenstellen könnten. Seine Gewalt ist schon da, wo es selbst noch nicht erschienen ist. Und die Menschen gehen daher, als hätten sie allesamt eine schwere Last auf ihren Schultern, die sie niederdrückt. In ihren Augen schweben ineinander Ängste, Hoffnung, Aussichtslosigkeiten, Fatalismus und notfalls die Bereitschaft, dem eignen Leben mit eigner Hand ein Ende zu setzen. Und diejenigen, die dennoch Mut und Vertrauen bewahren, werden umlauert von tausend Zweiflern und erscheinen wie Illusionäre, die man ganz und gar nicht begreifen kann und sie für verrückt erklärt. Aber da niemand bekennen darf, was er meint, breitet sich eine Decke des Schweigens aus und wird da und dort, wo gesprochen werden muß, zur Heuchelei. Und die Augen trüben sich von der Verzagtheit des Herzens ein, oder sie werden aufgerissen, als gäben sie dem Leiden bereits seelisch sichtbare Gestalt, das möglich sein kann. Denn die Rache des Feindes ähnelt den aufgerissenen Toren eines Schleusenwehrs. Sie verschlingt wie gewaltige Wassermassen das Gewachsene und Erstellte und dringt in die letzte Nische ein. Sie läßt keinen leeren Platz, wohin man fliehen könnte.

Die Verpflegung im Kasino war schmal. Das große Verpflegungslager unweit des Hafens war voll der besten Ernährungsgüter. Als bei der Eroberung der Stadt dies Gebäude in Brand geriet, floß das Fett wie ein Bach aus den Türen und suchte sich seinen Weg. Man hätte die Lebensmittel verteilen können, aber das hätte ja die Kapitulation bedeutet, jedenfalls die Annahme, daß diese Stadt auf die Dauer nicht gehalten werden kann. Die Atmosphäre unter den Offizieren und Beamten war verständlicherweise gedrückt. Eine offene Aussprache war schon deshalb nicht möglich, weil die Herren sich kaum untereinander kannten und keiner darüber Worte verlieren wollte, was jeder wußte und gerade deshalb schweigen mußte. Man kam, aß seine karge Ration und ging. Keine Stunde in fröhlicher Gesellschaft! Nur an einem Mittag riß der dunkle Vorhang unter den Worten des ranghöchsten Offiziers zum Erstaunen der meisten auf, als er nach Beginn der Ardennen-Offensive behauptete, es würde jetzt die Wende zum Sieg da sein. Es waren Worte, die wohl jeder gern glauben wollte, die aber bei der primitivsten Überlegung ihren Wert verloren.

Die deutsche Rüstungsproduktion erlahmte unter den systematischen Vernichtungsschlägen der Luftwaffe der Westalliierten, und dem deutschen Soldaten war längst - als Rückzügler - das Rückgrat des Vertrauens gebrochen. Dieser kämpfte nur noch, um das hereinbrechende Unheil zu bremsen. Sein Los war Gefangenschaft oder Tod. Eine andere Alternative gab es nicht. Eine Hoffnung zum besseren Schicksal gab es nur für die, die sich nach dem Westen absetzen durften.

In diesen Tagen wucherten mancherlei Überlegungen. Man sagte sich, warum denn nicht die ganze deutsche Wehrmacht von allen anderen Fronten abgezogen würde, um als letzte geballte Kraft gegen die sowjetische Armee anzutreten, um diese teils primitive, teils hochgerüstete Dampfwalze hinter die Pripjetsümpfe zurückzuschieben. Sollte man doch ruhig die Westalliierten nach Deutschland einmarschieren lassen, das sie sowieso schon durch ihre Luftwaffe zerschlagen und ohnmächtig gemacht hatten, um nicht den deutschen Menschen, vor allem die wehrlosen Kinder und Frauen, der Rache der gottlos unritterlichen Soldateska des Ostens preiszugeben. Warum ließ man die Kurland-Armee in ihrem Brückenkopf? Sie sollte offenbar bereitstehen, um im Rücken des vormarschierenden Feindes eine riesige Zangenbewegung bis an den Plattensee in Ungarn zu ermöglichen!

Oder ein anderer Gedanke kursierte: Die Westalliierten sollten mit ihren Kampfhandlungen aufhören, die Deutschen freigeben, diese würden alleine mit den Russen fertig werden. Gewiß wäre das möglich gewesen, aber alle diese Überlegungen scheiterten daran, daß jahrelang in der Weltöffentlichkeit, Nationalsozialismus und deutsches Volk in eins gesehen wurden. Dafür sorgten schon die Propaganda und die bei öffentlichen Kundgebungen bestellten fanatischen Schreier. Sie vertraten sozusagen die Stimme des Volkes. Zudem wurde übersehen, daß die Weltöffentlichkeit bis hin nach Amerika und dem Vatikan in Rom über die Vernichtung der Juden informiert war, das deutsche Volk aber keinen Auslandsender hören durfte. Wer dabei gefaßt wurde, bekam eine harte Strafe. Überdies waren die deutschen und damit die nationalsozialistischen Kriegsziele im Osten in jeder Hinsicht unmenschlich und verächtlich gegenüber dem nationalen Eigenrecht eines gewachsenen Volkes. Die Vernichtung der NS-Greuel als einer offenbaren Satanie war zumindest das vorherrschende Kriegsmotiv der USA. Roosevelt hatte andere Ziele! Irgendeine Chance für Deutschland mit Hitler gab es nicht. Dieser dämonische, Menschlichkeit und Lebensrecht anderer Völker verachtende Diktator war in allem das Haupthindernis.

Das Volk bereitete sich in seiner führungslosen Vereinsamung auf eine Gemeinsamkeit mit den anderen, durch Hitler mit ihm verfeindeten Völkern vor. Es war 1939 nicht gefragt worden, ob es diesen Krieg wollte oder ihn verneinte. Allein die Hauptschriftleiter und die höchste Generalität waren seit 1937 über die Kriegsabsichten unterrichtet, daß, wie Hitler betont hatte, die Ausweitung des Deutschen Reiches durch die Korrektur des Versailler Friedensdiktates bisher ohne Waffengewalt erreichbar gewesen sei, weitere Ziele aber nur durch Krieg zu gewinnen seien. Das deutsche Volk war in den Krieg geschickt worden - gewiß ohne Begeisterung, hatte gesiegt und hatte nunmehr die Folgen des illusionären Experimentes zu ertragen. Der siegreiche Vormarsch in den Osten wurde durch die Wochenschau triumphal überblendet und die Bedenken, die der Soldat in sich und mit sich trug (Wie werden wir einmal aus dieser Weite zurückkehren?), durften nicht laut werden. Die Herzen der deutschen Soldaten hingen fremd, fern und einsam in einer Landschaft, die endlos war.

So kam es dann zu Gedanken, die sich in der Seele des zur Erreichung von Traumzielen mißbrauchten Menschen bildeten, die zwar verständlich, aber nicht realistisch waren. Sollte etwa das Volk, das ungefragt wie ein Schaf zur Schlachtbank geführt worden war, nun nach allen Leiden und Qualen von seinen Feinden gestraft werden, wo es doch nur Objekt in der Hand eines Menschen gewesen war, der mit seiner Partei und Geheimen Staatspolizei das entmündigte Volk in seinen Krallen hielt? Der Einzelne war ein ohnmächtiger Zwerg und selbst die 42 Attentate gegen den „Führer" waren ergebnislos verlaufen.

Die graue Mutter Sorge hielt Einzug in jedem Haus, zumal sich auch die Vertröstung auf die rettenden Wunderwaffen als Bluff erwiesen hatte. Und wenn trotz allem das Dichter-Wort auch hier und in jenen Tagen galt: Und noch am Grabe pflanzt er die Hoffnung auf", so war diese ein Kind des durch die andauernde Propaganda zum blinden Vertrauen erzogenen Menschen, der sich den nahe bevorstehenden Untergang nicht vorstellen konnte, weil ihm der nüchterne, an den Realitäten geschärfte Blick längst und jahrelang genommen war. Selbst Neu- und Umbesetzungen in den höchsten Kommandostellen wie etwa die der Weichsel-Armee mit Heinrich Himmler, dem Chef der SS, verwandelten sich in einen Hoffnungsanker, als wäre ein Mann und dazu noch ein solcher (Sohn eines römisch-katholischen Prinzenerziehers) in der Lage, kampfstarke Divisionen und das erforderliche Kriegsmaterial, das eben nicht mehr vorhanden war, zu beschaffen. Und an den Häusern, deren polnische Herkunft und junge tragische Geschichte nicht zu bestreiten waren, schien in starken Buchstaben, je näher der neuerliche Besitzwechsel rückte, geschrieben zu stehen: wir, die wir mit polnischem Schweiß und französischem Geld erbaut wurden, blieben unverrückt an unserem Platz wie Postamente der Treue und spotteten dem unrechtmäßigen Zugriff des Nachbarn. Die Deutschen, die hierhin versiedelt worden waren, waren sowieso nicht ohne Gewissen und hatten hier keine Heimat gefunden. Die SS hatte das Einsiedlungswerk in die fremde Stadt getätigt. Heimat zu haben an einem bestimmten Ort und zu einer bestimmten Zeit, gehört nicht zum gewaltsamen Besitzergreifen und zur unrechtmäßigen Aneignung fremden Gutes, sondern zum Urcharakter des menschlichen Lebens. Nur ruchlos-gottloser Geist kann lebendige Seelen, deren jede eine eigene Welt ist, wie tote Gegenstände aus urtümlichen Bindungen herausheben und sie anderswohin verlegen. Geschieht dies, und es war von deutscher Seite geschehen, so ist dies ein Akt, der randvoll mit Unrecht und Herzlosigkeit wie Unmenschlichkeit gefüllt ist. Und da nach 1945 das Gleiche in viel größerem Ausmaß und mit ebensolcher Gewalt von den Russen und Polen an Deutschen geschah, liegt seitdem über dem deutschen Osten die trübe Decke gesteigerten Unrechtes, ein bleibendes Hindernis für einen endgültigen Frieden zwischen den Deutschen und Polen, die sich zum Westen bekennen.

In seiner Verteidigungsrede für Polystratos sagte einst Lysias:

> *Für erlittenes Unrecht haben die Menschen ein bessres Gedächtnis als für empfangene Wohltaten.*

Man denke an den Wiener Kongreß. Damals hätte man deutscherseits mit Recht wohl alles an geraubten Gebieten zurückholen können, was Frankreich sich seit der Reformation von deutschen Gebieten angeeignet hatte. Erst recht hätte Elsaß-Lothringen in den deutschen Reichsverband zurückkehren müssen. Im Sinne der Alliierten Maßnahmen von 1945 hätte das französische Volk für schuldig erklärt werden müssen, soviel Leid und Erpressungen mit Napoleon über die Völker Europas von Spanien bis Rußland gebracht zu haben. Nichts dergleichen geschah, von einigen Millionen Francs und kurzen Besatzungsjahren in einer begrenzten

Region mal abgesehen! 1945 wurde so gehandelt, als wäre in jedem Deutschen ein kleiner Hitler inkarniert. Offenbar boten das Jahr 1945 und die totale Niederlage die einzigartige Chance - im Interesse des Ostens wie des Westens - die beachtliche Lebenskraft des deutschen Volkes so zu schwächen, daß es geteilt jeweils dem einen wie dem anderen früheren Feind zu Diensten stehen sollte, zumindest aber in die Machtsphären der beiden vornehmlichen Siegermächte aufgenommen wurde, um in der nahen und ferneren Zukunft so verwirrt zu werden, daß eine deutsche Identität, Freiheit und Unabhängigkeit unmöglich würden.

Mit solchen Maßnahmen machten die Verwalter der erreichten, totalen Niederlage Deutschlands den Frieden unmöglich.

*

Albert Schweitzer, der international bekannte und verehrte evangelische Theologe und Arzt von Lambarene in Afrika, erklärte beim Empfang des Friedensnobelpreises am 4. November 1954 in Oslo unter dem Thema: „Das Problem des Friedens in der heutigen Welt":

> *Stoff zu künftigen Kriegen bleibt da erhalten, wo einer Neugestaltung der Verhältnisse nach einem Kriege nicht das geschichtlich Gegebene in Betracht gezogen und eine im Sinne desselben sachliche und gerechte Lösung erstrebt wird. Denn nur diese kann die Gewähr des Dauerhaften in sich tragen. Über das geschichtlich Gegebene setzt man sich hinweg, wenn man in dem Falle, wo zwei Völker miteinander geschichtliches Recht auf ein Land haben, nur das des einen anerkennt ...*

Das Ritterkreuz am Halse?

Der evangelische Oberpfarrer der dortigen Marine war ein mittelgroßer Mann und entstammte einem Pfarrhaus in Pommern. Er hatte ein Gesicht, das seltsamerweise mongolische Züge aufwies. Er war mit einer überdurchschnittlichen Intelligenz ausgestattet und gestattete sich in Predigten und Gesprächen seine Verneinung des NS-Regimes bis zu der Grenze zum Ausdruck zu bringen, daß jeder, der ihn hörte, wußte, wo er stand!

Die Staatspolizei konnte nicht ohne Risiko, unnötige Unruhe zu stiften, gegen ihn vorgehen. Es schützten ihn die Marine und seine Intelligenz. In seinen freien Stunden beschäftigte er sich mit der Photographie, um vielleicht auf diese Weise sich vom zunehmenden Elend des Krieges abzulenken. Sich unter das schützende Dach der Wehrmacht zu begeben, war für manchen Deutschen jener Zeit die Möglichkeit, sich dem Zugriff der Geheimen Staatspolizei zu entziehen. In

Gotenhafen leistete sich die Partei Aktionen, die auf das Vorgehen nach dem siegreich beendeten Kriege schließen ließen. Der Kampf gegen die Arbeit der Kirchen gehörte dazu. Im Nachhinein ist es deutlich geworden, daß nach der Erledigung der Judenfrage die Christenverfolgung anheben sollte. Zwar blieb, so weiß man heute, Adolf Hitler in der römisch-katholischen Kirche, pries deren Organisation und Erziehungsmacht mit dem Blick auf den Priesterstand, doch der immer mächtiger werdende Parteisekretär Bormann hielt seinen Kampf gegen die Kirchen auch während des Krieges durch. Die evangelische Kirche, die Hitler nicht kannte und auch nicht verstand, weil er nur rein machtpolitisch zu denken und zu urteilen vermochte, übergoß er mit Hohn und Spott. Zu gern hätte er diese Kirche, bevor er an die römisch-katholische Frage heranging, nach dem bekannten Satz „Teile und herrsche" zum gefügigen Mittel seines Kampfes gemacht.

Die Seelsorge an den Soldaten der Marine blieb von dem weitgesteckten Ziel, die Kirche zu entmachten, unbelastet, zumal der Marineoffizier in der Regel sich der politischen Querelen und des fanatischen Engagements enthielt. So wirkten die Kasinos wie Freistätten inmitten der Gleichschaltung der Mehrheit des Volkes. Es wurde auf Tradition geachtet, die das Soldatische und Vaterländische vor die Partei stellte. Deshalb sprach man mit einem gewissen Recht von der Kaiserlichen Marine. Bei diesem Verhältnis der Marine zur seelsorgerischen Tätigkeit der beiden großen Konfessionen konnte es kaum zu Konflikten kommen, wenn sich die geistlichen Vertreter zurückhielten und keine direkten Angriffe wagten. Aber stets war die Gefahr im Zuge, daß Aussagen, Personen und Umstände sich dergestalt zusammenreimten, daß daraus ein heißer Fall wurde.

Und das geschah in einer kleinen Stadt in der Tuchler Heide, wohin man die Ausbildung von Fähnrichen verlegt hatte, denn 1944 stand die Rote Armee ja dicht vor den Grenzen Ostpreußens. Das weite Vorfeld Weißrußlands war im Sommer 1944, als auch die Invasion im Westen begann, verlorengegangen. Die Pfarrer hatten die Aufgabe, aus bestimmten Anlässen die Truppe seelsorgerlich zu betreuen. Und das hatte einmal der Oberpfarrer von Gotenhafen übernommen. Er sollte nach dem Willen des leitenden Offiziers eine Art geistlicher Unterfangung der soldatischen Bereitschaft zu Kampf und Sieg betreiben, was diesem Geistlichen ganz und gar nicht möglich war. Überdies hatte Hitler selbst im April 1941 eine Anordnung erlassen, wonach sich die Geistlichen ausschließlich in ihrer Arbeit auf ihr Gebiet zu beschränken hätten, womit ihnen Vorträge aus anderen Sachgebieten wie Geschichte und Weltanschauung strengstens untersagt waren. Der Oberpfarrer hielt sich an diese Richtlinien, und das war ihm nur recht; er tat es aber mit einer solchen Klarheit und Gründlichkeit, daß daraus ein lebensgefährdender Fall hätte werden können. Er sagte nämlich, so wird berichtet: „Wenn es, meine Herren, ans Sterben geht, dann nützt ihnen das

Kreuz am Halse wenig. Hilfreich ist allein das Kreuz von Golgatha, das Kreuz Christi, ihres eigentlichen und letzten Herren." Empörung über eine solche Aussage war umso mehr verständlich, als es in dieser Phase des Krieges allein darauf ankam, unter dem heroischen Symbol des Ritterkreuzes als eines Ehrenzeichens tapferer Soldaten das Letzte für den Kampf gegen den mit erdrückender Übermacht anstehenden und bald angreifenden Feind herauszuholen und herzugeben. Unter solchen Voraussetzungen ergab sich der Tatbestand der Wehrzersetzung. Eine entsprechende Anklage hätte es leicht gehabt, den Oberpfarrer zum Tode durch Erschießen zu verurteilen. Je aussichtsloser die Lage, um so größer der Wille, jeden auszumerzen, der sich mißverständlich äußert und zur Schwächung der eigenen Kraft beiträgt.

„Vergleiche töten das Glück", so lautet ein kluges Wort. Nichts wäre an der Aussage zu bemängeln gewesen, wenn sie lediglich die Bedeutung des Kreuzes Christi für die einsamste Stunde im Leben des Menschen, das Sterben, herausgestellt hätte. Ein gesprochenes Wort ist nicht mehr zurückzuholen. Das war hier der Fall! Der Admiral und sein Kriegsgericht hätten vor einer schwierigen Entscheidung gestanden, wenn sie die Meldung des Chefs der dortigen Fähnrichsausbildung angenommen und weiter verfolgt hätten. Im Vorfeld einer kriegsgerichtlichen Verfolgung des Falles bedurfte es der gründlichen Erwägung des Sachverhaltes. Hatte der Geistliche auch in seinem unglücklichen Vergleich nicht letztlich doch recht? Hatten die jungen Soldaten im Ersten Weltkrieg im Sterben auf dem Schlachtfeld „Mutter" geschrien, wiewohl sie an ihrem Rock das Eiserne Kreuz I. Klasse trugen? War der Spruch des römischen Dichters Horaz „Süß und ehrenvoll ist es, für das Vaterland zu sterben" nicht eine Phrase, die sich im Ernstfall des bitteren und einsamen Sterbens wie eine der übelsten Täuschungen ausnahm? War demgegenüber nicht der Hinweis auf das Sühne- und Gnadenkreuz Christi für den Ernstfall ein tatsächlicher Trost? Gab es nicht zwischen dem Sterben Christi und dem des Soldaten eine zwar nicht ähnliche, aber dennoch beachtenswerte Gemeinsamkeit? Dort bei Christus das gehorsame Sterben des Unschuldigen für die Sühne der Schuld unzähliger Menschen, ja der ganzen Menschheit, ein sehr einsames Erleiden von entsetzlichen Todesqualen und hier ein junger Mensch, verführt und eingespannt in den Gehorsam gegenüber einem Menschen, der sich durch Lügen das Herrschaftsrecht erschlichen hatte - wo denn sollte er Trost und Kraft gewinnen, wenn nicht bei dem, der gerade die einsamsten, getäuschten, verlassenen und tausendfach irregeführten Menschen in ihrer Ohnmacht mit seiner Liebe und äußeren Schicksalsnähe umfangen kann, in einer Solidarität des Leidens, die sich dem Betroffenen nur in der abgründigen Not erschließt? Etwa in dem Sinne: ich, der junge Soldat - ein Opfer sündhaften Machtwahns - ein sinnloses Zerrissenwerden, bevor ich ein eigenes Urteil haben konnte und indem es mir gar nicht möglich war, mich für oder gegen den Krieg entscheiden zu können -- Du, mein Allernächster, der aus besserem Wissen heraus und im Auftrag des Höchsten das Übel an der Wurzel packt und zerstört, verstehst mich als Opfer des Satans und schenkst mir dein Verstehen und dein Erbarmen. War der Schächer am Kreuz auf Golgatha nicht der Vergebung gewiß geworden und der Verheißung des ewigen Lebens, als er bekannte: wir empfangen nur das, was unsere Taten wert sind, dieser aber hat nichts Übles getan!

Aber in der Regel wurden solche Tiefen des Lebens und des möglichen Trostes und der Gerechtigkeit gegenüber dem Auftrag des Seelsorgers kaum erreicht.

Eine tiefer greifende Suche nach Gerechtigkeit, Kraft und Trost lag nicht in der Absicht der Kriegsgerichte. Hier ging es weniger um das Verständnis für die Situation des einzelnen Soldaten als mehr um die Aburteilung dessen, der, wie immer er dazu gekommen war, aus der Reihe tanzte.

Der Admiral, seine Berater und das Kriegsgericht verhielten sich in dieser heiklen Angelegenheit so, als hätten sie mit großem Bedacht jene positiven Bezüge und Wirkungen der seelsorgerlichen Aussage des Oberpfarrers im Blick auf das nahe Sterben der Fähnriche erwogen, denn aus der patriotischen Begeisterung war in jenen Tagen des Zusammenbruchs des Reiches keine Kraft zu gewinnen. Jeder, der sich nach der Landung der Alliierten im Westen noch eine Chance für den Sieg errechnete, war ein Träumer, der sich an einem Strohhalm über der gurgelnden Tiefe zu retten versuchte. In jenen Monaten, da die deutsche Wehrmacht zu einer Ohnmacht verkümmerte, ging es bei den Soldaten und Zivilisten im Osten allein um die Rettung des nackten Lebens, und wenn der Tod das unausweichliche Geschick des Menschen wurde, um ein Sterben, das eines göttlichen Trostes bedurfte. Und war dieser nicht vorhanden, wurde der Tod, wenn er sich in Stunden vollzog, zu einem Verrecken, wobei der Sterbende mit einem entsetzlichen Fluch gegen den Verführer sein Leben aushauchte.

Gewiß spielte bei der Entscheidung, den Oberpfarrer nicht vor das Gericht zu ziehen, die Rücksichtnahme auf die Gemeinde und die Öffentlichkeit eine Rolle. Ein erschossener Pastor, das wäre für manchen Deutschen in Gotenhafen und darüber hinaus Grund genug, nun auch noch an dem bisher durchgehaltenen Nimbus der Marine zu zweifeln, sich nicht der nationalsozialistischen Denk- und Verhaltensart preisgegeben zu haben.

Der Oberpfarrer wurde an einen Standort versetzt, der zu den friedlichsten Bereichen des Krieges gehörte, wenn er auch in einem von deutschen Truppen widerrechtlich besetzten Lande lag. Der jüngste evangelische Marinepfarrer für die Kriegszeit rückte nach. So wurde ich Zeuge von Vorgängen in dieser Stadt, die in Hoffnung und Leid, Flucht und Sterben ein Gemälde ergeben, in dessen farblichen Gegensätzen das Dunkelrot und Schwarz überwiegen.

Wie später berichtet wurde, gab es für den Kommandeur der Fähnrichsschule noch ein Nachspiel, das anzeigt, daß dieser ganz offensichtlich bei seinen Untergebenen eher verhaßt als geliebt war. Als die Russen heranrückten und es Ernst wurde - mit Kampf und Sieg, verlor er die Nerven und versuchte, durch Selbstmord seinem Leben ein Ende zu machen.

Die Soldaten wurden Zeuge und als sie ihren Stützpunkt aufgeben mußten, ließen sie ihn liegen, schalten ihn einen Feigling und verschwanden. Dieses Verhalten läßt darauf schließen, daß dieser aus ostdeutschem Adel stammende Offizier die Nerven verloren hatte und möglicherweise der geistlichen Tradition und Kraft seines Standes untreu geworden war. Einer von denen, die zu Unrecht Adolf Hitler wie vordem die Vorfahren einem preußischen König mit Vertrauen und Hingabe zu dienen bereit waren, ohne zu bedenken, daß Hitler nicht nur ein ganz anderer war als ein König von Gottes Gnaden und sie so voneinander unterschieden waren wie zwei Welten, die sich in nichts ähneln. Eine Ausnahme in Gesinnung und Praxis seines Handelns könnte Friedrich II. sein, eine Erscheinung der Widersprüche, aufklärerisch zu glauben und zu denken, den Antimacchiavelli zu schreiben und dann wie ein Macchiavelli zu handeln:

Humanität zu predigen und Krieg zu führen.

Daß der verantwortliche Offizier der Fähnrichsausbildung so erbärmlich endete, gab manchem zu denken. War es Gottes schnelles Strafgericht gegen einen Menschen, der leichtfertig Grundentscheidungen getroffen hatte oder war seine Meldung gegen den Pfarrer eine Schutzmauer, hinter der er aus dem Wissen um seine Schwäche sich verstecken wollte? Solche Fragen gehören zur Unergründlichkeit jedes einzelnen Schicksals.

Die zweite russische Großoffensive im Januar 1945

Im Jahre 1943 nach der durch russische Spione mitverursachten, für die Deutschen erfolglosen Schlacht bei Kursk begann die sichtbare Entkräftung und führte dann im Sommer 1944 zur Zertrümmerung der deutschen Armee im Mittelabschnitt, so daß Ende des Jahres die Russen an den Grenzen Ostpreußens und in der Nähe Warschaus standen. Russische Offensiven wurden nach Stalingrad jeweils mit gewaltigen Reserven an Kriegsmaterial und Truppen vorbereitet. Man ging auf Nummer Sicher. Beim Angriff im Januar 1945 wurde ebenso verfahren. Dies ließ bei Beginn des Vormarsches auf das deutsche Reichsgebiet keinerlei Hoffnung aufkommen. Während in den USA und im weiten sowjetischen Territorium die Kriegsindustrie unbehelligt arbeiten konnte und ihr Materialausstoß sich steigern ließ, zerschlugen die Westalliierten die deutsche Rüstung - mit einer systematischen Ruhe und Planung, die das Ende des deutschen Widerstandes in wenigen Monaten erwarten ließ. Der Zweifrontenkrieg erzwang, nunmehr noch durch die Luftüberlegenheit der Westalliierten dramatisiert, das buchstäbliche Erlöschen der Wehrkraft.

Der russische Vormarsch vom Weichselbogen aus hatte zuvor keinerlei Rücksicht auf das mörderische Geschehen in Warschau genommen. Keine Verzettelung! Die gewaltige Lawine bewegte sich so schnell, daß in Gotenhafen schon nach wenigen Tagen Nachrichten eintrafen, daß die russischen Panzerspitzen scheinbar ungehemmt und unbekämpft im deutschen Hinterland „spazieren fuhren“. Aber offenbar zielte der feindliche Vorstoß in die Richtung des Netze- und Warthebruchs, also eindeutig in Richtung Berlin und ließ eine Stadt wie Gotenhafen erstmals außen vor. Doch die Angst breitete sich aus. Es wurde bereits wenige Tage nach dem 12. Januar in den Soldatenhaushalten gepackt, um sich möglichst bald in Richtung Westen abzusetzen; und zwar mit dem Schiff, waren doch die Züge aus dem Osten mehr als bis auf den letzten Platz besetzt. Dabei mußte ich beobachten, daß diejenigen, die es wagten, dennoch einzusteigen, von denen zurückgewiesen und auch zurückgestoßen wurden, die ihren Platz sicher hatten. In dem Gesicht eines Jungen blitzte eine Art Besitzstolz auf. In der äußersten Not ist leider jeder, auch schon der Jugendliche, sich selbst der Nächste. Es war die Zeit, als die russische Armee noch nicht bei Kolberg zum Meer vorgestoßen war.

Der Winter erleichterte die Rettungsaktionen nicht. War die Stadt im Januar und Februar auch noch nicht unmittelbar bedroht, so gelangten doch viele Flüchtende in der Stadt an, die unter den Nachrichten über die Grausamkeiten, die die Rotarmisten an Kindern, Frauen und Alten verübten, nichts als panische Flucht kannten.

Es war an einem Sonntag. Schnee und Kälte behinderten den Verkehr überall. Ich wurde zu einer Taufe eines ostpreußischen Babys gerufen und suchte diese kleine, vaterlose Familie in der Nähe eines Hafenbeckens. Unterwegs dorthin traf ich dies Häuflein Elend. Die Mutter schob einen Kinderwagen durch den tiefen Schnee, wobei zwei schon größere Kinder links und rechts neben der Mutter einhergingen. Ich versuchte, des Kleinen ansichtig zu werden. Da schaute mich die Schwester an und sagte zu mir: ich glaube, unser Schwesterchen ist schon tot. Und sie hatte recht. Ich war zu spät gerufen worden. In einem Gebet suchte ich Trost für die Mutter und die Kinder. Wie würde das Schicksal der eigenen Familie mit zwei Kleinstkindern sein? Es durfte in dem später eingekesselten Ostpommern sich keiner davonmachen. Einen Tag vor dem Erscheinen der Russen in Stolp wurde erst der mögliche Aufbruch für die Bevölkerung freigegeben. So kam es denn dazu, daß schon nach zwanzig Kilometern Fluchtweg nach Osten die Menschen von der Soldateska überrannt und gequält wurden.

An jenem frühen Nachmittag betrat ich eine Halle, die man durch Strohschüttung in ein Lager verwandelt hatte. Da saßen sie nun, alte und uralte, wehrunfähige Männer, stierten apathisch vor sich hin oder grübelten über die seltsam abgründige Wende ihres Schicksals. Hoffnung nach 1933, Triumpf vermeintlicher

Siege nach 1939, Abgrund und hoffnungslose Traurigkeit nach 1944! Ältere und jüngere Frauen mit ihren Kindern- wiederum schutzlose Hilflosigkeit. Und die wohl berechtigte Frage: wohin mit all dem Elend, und sie gaben nicht auf. Sie rechneten nicht mehr mit dem Sieg und einer glücklichen Wende. Sie wollten nach dem Westen und verbanden damit die Erwartung, von den dortigen Feinden nicht wie wehrlose Opfer der Rache geschändet zu werden.

Bei diesem langsamen Gang durch die Aufreihung der jeweils eigenen Not - denn jeder der hier liegenden oder kauernden Menschen löste Nachfragen aus, wo die engere Heimat, wo der Mann, gefallen oder noch an der Front, ob im Westen Verwandte, wo der Sohn als einzige Hoffnung, mit seiner Hilfe ein wenig Heimat und Geborgenheit zu finden - traf mein Blick auf eine kleine, alte Frau. Diese lag so friedlich da, und ich meinte, sie schliefe. Neben ihr hockte ihr Mann. Und beide hatten sich ihre Festkleidung angezogen. In ihrer heimatlichen Tracht hatten sie sich auf den Weg gemacht! Vielleicht Salzburger, Pfälzer oder andere? Woher sie kamen?

Friedrich der Zweite von Preußen hatte nahezu 400 000 Neusiedler aus dem Westen in seine meliorisierten Zonen gerufen, um ihnen Häuser und Brot und ein ausreichendes Einkommen zu garantieren. Wohl gerade zwei Jahrhunderte hatten diese Menschen - trotz der Napoleonischen Kriege und der eigenen Pflichten gegenüber dem preußischen Staate - ein Leben in Zucht, Ordnung, Schutz und Fleiß führen können. Und sie hatten manches von ihrer früheren Gesittung beibehalten, war doch die preußische Krone in jeder Hinsicht tolerant und liberal. Nicht nur Friedrich der Große wußte, daß er einen Staat führte, sondern auch seine Vorgänger und Nachfolger, dessen größtes Kapital die „Untertanen" waren, wie es damals hieß, ob es sich um einen Bauern, Bürger oder Adligen handelte. Friedrich hatte sich nicht allein den ersten Diener, sondern auch den ersten Untertanen des Staates genannt. Und Preußen war gerade deshalb auf Toleranz und Liberalität eingestellt, weil es eben nicht einen Volksstamm als Staatsvolk kannte - sondern in seinen Grenzen Litauer, Polen, Zuwanderer aus Frankreich und Westdeutschland und alteingesessene, deutsch-wendische Menschen beherbergte. Um dieser Vielfalt willen benötigte dieser Staat eine Klammer. Sie hieß „die Raison". Recht und Freiheit im Schutze des überpersönlichen Vorrechtes des Staates!

Erschrocken verweilte ich bei diesem alten Paar und mußte feststellen, daß die Frau, vielleicht durch die Aufregung des Aufbruchs entkräftet, hier auf der Flucht ihren Abschied von dieser Welt genommen hatte. Nun war sie allem Leid und aller Sorgen enthoben. Sie lag da, als schliefe sie. Aber ihr Mann riß meine Seele auf. Wohin mit seiner Verlassenheit? Wozu noch sein weiteres Hiersein? Und es meldeten sich Gedanken, die sich mit dem deutschen Geschick auseinandersetzten. War es richtig, Preußen mehr oder weniger doch in Deutschland aufgehen zu lassen? Hatte nicht Wilhelm I. in Versailles, wie man sich erzählte, geweint, nicht mehr allein preußischer König zu sein, sondern Kaiser für das ganze Deutschland? Kam nicht der Untergang des deutschen Reiches aus dem Südosten, aus Österreich und seiner Hauptstadt Wien? War denn die Propaganda, die in ihrer Verlogenheit soviel Unglück brachte, nicht ein westdeutsches Gewächs, das mit preußischem Geist nichts gemein hatte? War nicht der Totalitäts- und Absolutheitsanspruch der nationalsozialistischen Bewegung ein irrealistisches, hochmütiges, gottloses Gewächs? Wie konnte sich ein Mensch zu dem Irrsinn und Übermut bereitfinden, in seinem Namen den Menschen Heil zuzusagen? Wie oft nach 1934 waren in uns diese Nachfragen bedacht worden, in nächtelangen Gesprächen hin und hergewälzt worden? Doch niemand hatte mit so schnellen Auswirkungen gerechnet. Jetzt war sie grausige Wirklichkeit!

Die Insel des Trostes

Jedes Kind, das gern im Wasser spielt, staut ein Rinnsal an und entdeckt dabei, wie schnell das Wasser steigt. Ähnlich erging es den Flüchtlingsströmen, als die russische Armee bei Kolberg das Meer erreichte und die deutschen Menschen nun von Kolberg bis Danzig-Gotenhafen in einen riesigen Kessel eingesperrt wurden. Nun blieb kein anderer Fluchtweg übrig als der über das Meer. Es entsprach der Größe des Hafens, daß Gotenhafen geradezu ein Sog für die Menschen wurde. Hier konnten auch große Schiffe landen und noch in relativer Ruhe beladen werden. Die Stadt wurde ein einziges, großes Lager, das seine Insassen unter dem andauernden Einsatz der Marine, ob Tag oder Nacht, nach dem Westen freigab. Aber es blieb nicht aus, daß die erzwungenen Exulanten warten mußten! Kinder, kleine und große, sollten ihre Pflege haben, und so wurde selbst die Kirche an der Westostachse zu einem Lager. Dieses Gotteshaus wurde im Rahmen der Stadtplanung dorthin verlegt, von wo aus man unweit den Hafen erreichen konnte. Sie war bescheiden in ihren Maßen und konnte gewiß nicht der römisch-katholischen Gemeindegliederzahl genügt haben. Die Polen waren und sind von Haus aus ein vornehmlich römisch-katholisches Volk, wobei jedermann weiß, wie sehr die Papstkirche im betrüblichen Wechsel der polnischen Geschichte der eigentliche, stabile Hort des Volkes war und ist. Heute gibt es polnische Stimmen: wir sind noch bewußter römisch-katholisch, nachdem wir die bolschewistische Diktatur ertragen müssen. Nachdem der Priester nach der Eroberung der Stadt durch die deutschen Truppen seinen Platz verlassen mußte, ein anderer an seine Stelle trat, ging die Kirche in die Benutzung durch die evangelischen Christen über. Das Verhältnis der beiden Zivilpfarrer, des deutschen wie des polnischen, war, so wird berichtet, ein christliches, kein feindliches, zumal der evangelische Pastor ein Balte war und auch

seine alte Heimat hatte verlassen müssen. Dieses Gotteshaus wurde nun zu einer Sammel- und Troststätte für die, die unterwegs waren und warteten, baldmöglichst abgefahren zu werden. Es wurden täglich Gottesdienste gehalten. Die Choräle erwiesen sich als Trostspender und Lieder wie der Choral der Salzburger Exulanten: „Ach, traure nicht, du frommer Christ, der du jetztund im Elend (Fremde) bist, mußt gehn auf fremden Straßen ...“ oder „Jesus nimmt die Sünder an, saget doch dies Trostwort allen, welche von der rechten Bahn auf verkehrten Weg verfallen“ und zahlreiche andere, die den Menschen an den Abgründen Brücken des Vertrauens bauten ...

Es war ein Kommen und ein Gehen, aber mehr ein Warten und wie sie fast namenlos erschienen, so verschwanden sie, wenn sie die glückliche Planke erreichten, die sie nach Westen trug. Wir Pastoren hatten über befreundete Kommandanten die Möglichkeit, Flüchtlinge, die uns nahestanden, auf deren Schiffen unterzubringen. Es handelte sich dabei um einen leichten Kreuzer und Schnellboote. Zum Glück war die russische Luftwaffe so schwach, daß sie diese Manöver erst dann störte, als sich der Ring der Roten Armee enger um das Weichbild der Stadt legte. Auch war von der russischen Marine noch ebenso wenig zu spüren. Und Schiffskatastrophen wie die der „Steuben“ wurden nicht an die große Glocke gehängt, weil man den Gehetzten nicht noch mehr Angst und Schrecken einjagen wollte. Dennoch blieb die Flucht über das Meer eine

Gefahr, denn seitdem das Baltikum verloren war und die Sperre zwischen Reval und der finnischen Küste aufgehoben war, konnten russische U-Boote der Baltischen Flotte nach Westen vordringen, was denn auch zu den bekannten Groß-Katastrophen führte. Im Ganzen war es erstaunlich, wie sich mit dem heißen Wunsch gerettet zu werden, eine vertrauensvolle Gelassenheit verband. Sind wir mal erst an Bord, so befinden wir uns im Schutz unserer Marine, die tapfer und tüchtig ist und alles tun wird, uns heil nach drüben zu bringen. Dieses Geborgenheitsbewußtsein war genau das, was die Verantwortlichen sich wünschten, denn ein anderes Verhalten hätte die Arbeit der Seeleute nur erschwert. Es passen eben viele geduldige Schafe in einen Stall; und soviel die Schiffe nur tragen konnten, wollten sie auch befördern. Geduld war bei diesen Aktionen höchstes Gebot.

Und die kleine Kirche nahm die Menschen auf und verabschiedete sie. Kein Glockenklang begleitete ihren Aufbruch, aber die Gebete und die Gemeinschaft, die sie dort, ob evangelisch oder römisch-katholisch, erfahren hatten, gingen mit ihnen. Es trug sie auch jene still gehortete Glaubenskraft der vielen Generationen zuvor, die im deutschen Osten so manche bittere Not durchstehen mußten. Pest und Russeneinfall und der räuberische Zug der französischen Armee in den Jahren 1806 bis 1812 und manches andere waren jeweils eine direkte Anfrage an die Kraft des Glaubens, der sich im Leide und nicht allein in der Liebe zu bewähren hat. Es gab pommersche Bauern, die bei Stettin mit blutig geschlagenen Gesichtern im Austreibungslager erschienen und nicht verzweifelten. Der ostdeutsche Mensch wußte zudem aus seiner Verankerung im biblischen Wort, daß die Menschheit in ihrem gottlosen Wahn sich das Leben zur Hölle machen kann. Wie töricht und lieblos war der Kampf der NS-Partei gegen die Quelle der Kraft, die der christliche Glaube schenkt!

Ferne Deutsche in einer fremden Stadt

Hitler-Stalin-Pakt 1939! Für die Welt und die Deutschen eine Überraschung! Dazu noch ein Freundschaftsvertrag! Hitler und Stalin teilten sich nach dem schnellen deutschen Sieg Polen. Zuvor hatte der deutsche Diktator gehofft, mit Rußlands Freundschaft den Eintritt Englands in den Krieg verhindern zu können. Aber Großbritannien hatte längst die Absicherung der Unterstützung durch die USA, deren Präsident ein erklärter Feind Deutschlands war. Umso mehr als nun auch die Hoffnung dahin war, daß der nationalsozialistische Staat als erklärter und unversöhnlicher Feind des Bolschewismus mithelfen könnte, die üble Erscheinung der roten Totaldiktatur im europäischen und internationalen Konfliktfeld einzugrenzen.

Bekanntlich hatte der Vertrag zwischen den beiden Diktatoren Geheimklauseln, die die Unterwerfung der kleinen baltischen Staaten beinhalteten. Stalin brach seine Friedensverträge mit diesen Demokratien und sowjetisierte mit den allzu bekannten Methoden die Territorien an der Ostsee. Langsam und bedacht wurde dieser grausame Prozeß mit Besetzung, erzwungenen Sympathiemärschen, Foltermorden und rücksichtslosen Deportationen der einheimischen Bevölkerung und Wahlen durchgeführt, die letztlich alles andere als die versprochenen demokratisch waren. Photos, etwa Riga 1940, zeigen Letten, die zwangsweise eine sogenannte kommunistische Demonstration füllen müssen. Im Abstand von drei bis vier Metern bewachen Männer mit weißen Binden am Arm den Zug, daß ja keiner aus der Reihe tanzt.

Im Vertrag war die Vereinbarung enthalten, daß die sogenannten Baltendeutschen aus den drei Staaten nach Deutschland aussiedeln durften. Diese Aktion sollte einmal einen möglichen Konfliktstoff zwischen den beiden Vertragspartnern ausschließen und zum andern die geplante Russifizierung dieser Gebiete um die Zahl der Deutschen erleichtern. Die Herausnahme der Deutschen war für die Einheimischen ein Beweis dafür, was Rußland über die Besetzung hinaus mit diesen Ländern vorhatte. Ahnungslos auf der einen Seite und von heimlicher Furcht auf der anderen fragten die Esten die aufbrechenden Deutschen: „Warum geht ihr, hat es euch denn bei uns nicht gefallen?“ Die kleine estnische Republik hatte sich zu einem liebenswürdigen, toleranten und wirtschaftlich gesunden Gemeinwesen entwickelt und genoß internationales Ansehen. Für die Deutschen, denen dieses Land über siebenhundert Jahre Heimat gewesen war, lagen im Hafen die Schiffe bereit, die unter dem Zwang des Vertrages Stehenden „heim ins Reich“ zu bringen, wie es damals hieß. (Wenn die Sowjets kommen ... Ein Tatsachenbericht von Robert Raid Boras Publishing House, New York, Stockholm, Sydney, Toronto 1983.)

Es kamen baltendeutsche Menschen aus den drei Republiken Estland, Lettland und Litauen ins Reich, so auch nach Gotenhafen. Sie wurden von der schwarzen SS empfangen und in die fast noch warmen polnischen Wohnungen eingewiesen. Für redliche Menschen, wie es die Balten in ihrer jahrhundertealten christlichen Tradition waren, war diese Einschleusung eine sehr bedenkliche Maßnahme. Sie wurden Inhaber eines fremden Besitzes an einem fremden Platz. Konnte man das altehrwürdige Riga mit seinen historischen Bauten, Kirchen und Palästen, alten Bürgerhäusern und geschichtsträchtigen Gassen und Winkeln und der breit dahinfließenden Düna mit dem kalt-öden Gotenhafen vertauschen, ohne täglich den Schmerz der verlorenen Heimat und den der unklaren Zukunft inmitten eines ungerechten Geschehens auf dem Gewissen und der Seele zu haben? Wer vermochte das Bild einer so bezaubernden Stadt Reval mit dem Ritterdom, der Bürgerkirche St. Nikolai und St. Olai, dem Rathaus und der Heilig-Geist-Kirche unweit davon, dem Gotteshaus des Rates vergessen? Wer kann das Schloß, in dem in langen, unterschiedlich schicksalsreichen Jahrhunderten die Ahnen gelebt und sich behauptet hatten, aus der Erinnerung löschen? Es galt auch für die Heimkehrer das russische Sprichwort: Die ursprüngliche Heimat ist eine Mutter, die zweite eine Stiefmutter.

Gewiß, nach 1918/20 hatten es die Baltendeutschen nicht immer leicht gehabt, sich gegen die neuen Herren, die Mehrheit der Esten, Letten und Litauer zu behaupten. Wobei es Unterschiede im Verhalten der Staaten zu den Deutschen gab! Die Esten waren toleranter als die Letten. Aber im allgemeinen wurden die Menschenrechte respektiert und das Zusammenleben war möglich und ohne breiten Haß. In Gotenhafen kamen diese Deutschen nicht so sehr in die Obhut, sondern unter die Aufsicht der Behörden, denn diese hatten ein ideologisches Ziel zur Auflage, mit dem Umsiedlungsschwung die weltanschauliche Gleichschaltung dieser Ahnungslosen zu bewirken. Das zeigte sich alsbald bei der Frage nach der Kirchenzugehörigkeit.

Wer registriert wurde, sollte sogleich aus seiner Kirche ausgetreten sein. Das hieß für die Balten soviel wie: Ihr habt eure geistige Heimat aufzugeben und seelisch den braunen Rock anzuziehen. Ihr seid in einem totalitären Weltanschauungsstaat, der seine Kraft aus der Integration aller seiner Menschen in diesen neuen „Geist" schöpft. Niemand weiß mehr und besser um die Bedeutung des Vaterlandes als der Auslandsdeutsche! Darum ist ihm die Idealisierung besonders nahe. Bei diesen ersten Erfahrungen hob sich darum die Wirklichkeit hart von den Vorstellungen ab, die man sich von der deutschen Gegenwart gemacht hatte. Eine befremdende Atmosphäre - dazu noch die harte Strenge der Behörden, die sich von der ruhigeren Handhabung im Osten unerfreulich abhob - und das alles „wohlverständlich" unter den Erfordernissen, die der Krieg allen Deutschen auferlegte. Schmale Ernährung, wenig genügende Beheizung der Wohnungen und anderes. Da die Kirchenzugehörigkeit für die Balten wie ein Gewand war, ohne das sie seelisch nackt hätten herumlaufen müssen, ließ man eine gewisse Toleranz walten. Man dachte ja an den Sieg. Danach würde alles leichter werden - zuerst die Juden, dann die Christen! So bekamen diese Menschen ihren Pastor, Gottesdienste und Amtshandlungen und andere seelsorgerliche Dienste zugestanden. Die geheime Staatspolizei wachte im Hintergrund und möglichst unauffällig. Das gemeindliche Leben spielte sich im wesentlichen in der schon genannten, kleinen ehemals römisch-katholischen Kirche und dem Pfarrhaus ab. Beide Gebäude lagen an der Adolf Hitler-Straße.

Für die fernen Deutschen in dieser fremden Stadt war mit der geduldeten Kirchenzugehörigkeit die einzig echte Heimat geblieben, denn der Ort, in dem sie zu leben hatten, war zumindest nicht von Deutschen erbaut worden und von diesen auch nur unter dem Anfangssieg über Polen in Besitz genommen worden. Es konnte noch alles anders werden. Man war unterwegs und als es dann soweit war in der Mitte des Januar 1945, fiel der Aufbruch nach Westen nicht so schwer.

Züge wie einst

In jedem Flüchtigen, der sich in dem Großraum Gotenhafen einfand und hier seine letzte Rettung sah, über die See zu entkommen, verbarg sich das Schicksal deutscher Menschen aus früheren Jahrhunderten. Die Vorväter und -mütter hatten sich aufgrund sehr günstiger Angebote aus dem weiteren deutschen Raum aufgemacht, um dennoch einem ungewissen Schicksal und einer noch ungewisseren Zukunft buchstäblich entgegenzuziehen. Der weite Raum und die zugesagte, freie Entfaltung bäuerlichen und handwerklichen Erwerbsstrebens und das Gefühl einer Überlegenheit über die einheimische Bevölkerung hatten diese Menschen bewogen, die heimische Enge zu verlassen - nicht ohne Tränen der Zurückbleibenden, um über Ströme und unendlich scheinende Landstriche hinweg jene Region zu finden, die ihre zukünftige Heimat werden sollte. Nur langsam bewegten sich diese Züge über die Landwege hinweg. Krankheit und Unfälle dezimierten die Wandernden. Selbst bei den Salzburgern war der Anteil der Toten erheblich, bis sie unter der Fürsorge des preußischen Königs Friedrich Wilhelm I. in jenen für sie fernen Gebieten der durch Pest entvölkerten ostpreußischen Provinz anlangten. Wie aber war es mit den Moselfranken, den späteren Siebenbürger Sachsen, die schon im 13. Jahrhundert ihren Weg in den Balkan auf sich nahmen? Wie mit den Wolgadeutschen, die dorthin zogen, wo sich die militärische Wende des zweiten Weltkrieges, die Schlacht bei Stalingrad, anzeigte und 300 000 deutsche Soldaten in dem Kampf selbst und danach in der Gefangenschaft mitleidlos ihr Leben lassen mußten? Es waren gerade ein wenig mehr als eineinhalb Jahrhunderte seit Katharina II., der ehemaligen Prinzessin Sophie von Anhalt-Zerbst und tüchtigen Herrscherin Rußlands, vergangen, als die auf ihren Ruf dort angesiedelten Deutschen unter Stalins Diktatur in alle sibirischen Winde zerstreut wurden! Deutsches Schicksal - im Zwiespalt zwischen dem Ursprungsland Deutschland und dem neuen Heimatland Rußland! Leistung, Leid, Freude und Hoffnung erwuchsen aus diesen Schicksalen wie ein widersprüchlich buntes Gemälde!

Nur ein einziges Heimkehrerschicksal dieser Deutschen aus dem weiten Osten und eine einzige Szene dieses hochdramatischen und leidvollen Lebens soll hier erwähnt werden, deren es Hunderttausende bis auf den heutigen Tag gibt- „Ich bin auf den Beinen, wenn auch die Knie noch gegeneinanderklappen. Herleshausen. Wir sehen viele Menschen, Mädchen mit Blumen, Filmreporter, wir sehen von unserem Waggon aus, durch den Zaun, eine Reihe gläsern schimmernder Omnibusse. Meine Nerven sind zum Zerspringen mit dem Kraftstrom der Andacht geladen. Das Bahnhofsgebäude ist ein Gotteshaus. Mein eigenes Atmen empfinde ich als Störung. Die Kommunisten sind ein großer Orden, ein Orden der Lebensverneinung. Ich lasse ihn hinter mir ... ich nehme meinen Koffer, ich gehe, ich habe den Boden Westdeutschlands, Rumpfdeutschlands, unter meinen Sohlen ...*. So schildert ein Mennonit, dessen Vorfahren um ihrem Glauben in Freiheit leben zu können, einst in die Ukraine ausgewandert waren, seine Heimkehr aus der russischen Kriegsgefangenschaft 1953. Und es lag eine Odyssee ganz eigener Art hinter diesem Datum: die Flucht mit drei anderen Deutschen um das Jahr 1930 über die russisch-persische Grenze, gefüllt mit vielen lebensgefährlichen Risiken bei dem Weg über den Kaukasus, mit einer Reise nach Südamerika und der Heimkehr in das Deutschland nach 1933! Statt endlich in der Heimat der Ahnen Frieden und Ruhe zu finden, dann Krieg und sogar Kampf gegen die Sowjetunion! Und das Herz zwiegespalten, durch die Feindschaft gegen das blutrünstige, freiheitsraubende Gewaltregime Stalins und andererseits durch die Liebe zum doppelt gequälten russischen Volke! Einsatz zur Schwächung der sowjetrussischen Front durch Propaganda - in der Sprache des Ukrainers. Und nach der Gefangennahme in den Händen der russischen Inquisition, die ihn als ehemaligen Sowjetbürger zu entlarven versuchte ... Ein Martyrium des Leibes und der Seele! Die Lubjanka, das berühmte Gefängnis! Oberst Tade meint: „Die Lubjanka ist die berühmteste Universität für Psychiatrie und Nervensägerei. Seien Sie froh, daß man sie hier studieren läßt. Es wird die Stunde in ihrem Leben kommen, wo Sie stolz darauf sein werden .. "(Seite 250*). Die einst im Osten die Freiheit suchten, um ihrem Glauben leben zu können, wurden zu doppelt Heimatlosen.

Die russische Front rückte näher - trotz der heroischen Abwehr der Deutschen. Meine Bleibe in der ehemaligen Wohnung des Oberpfarrers hatte ich aufgegeben und war in das Pfarrhaus bei der Kirche gezogen.

Und das Kommen und Abwandern der Flüchtigen hörte nicht auf. Der Strom versiegte nicht zu einem kleinen Rinnsal. Dörfer und Städte entleerten sich. Zu groß war die Angst vor der Willkür der Roten Armee und selbst die landeigenen Kaschuben, die nicht vertrieben waren, fürchteten sich vor dem Kommenden. Erschienen die Menschen in der Regel als vaterlose Familien oder als Einzelne und Alte, so mußten wir eines Tages einen ganz eigenen Zug, der sich mit Pferd und Wagen auf das Pfarrhaus zu bewegte, gewärtigen. Und dies mit solcher Selbstverständlichkeit, als gäbe es für die im Zuge befindlichen Menschen keinen anderen Stützpunkt als das Pfarrhaus und die Kirche. Sie kamen fast gelassenen Sinnes, als gehörte ihr Aufbruch zu ihrem Schicksal. Sie hatten auf ihren Wagen das Notwendigste, und der Proviant hätte für einen monatelangen Zug ausgereicht. Wohl hätten sie auf dem Landwege den Westen erreichen wollen, aber das war nach dem stürmischen Vordringen der Russen nicht mehr möglich gewesen. Sie wurden wie all die anderen in die Häfen abgedrückt. Woher kamen sie? Woher ihre seltsame Ruhe? Woher die Geschlossenheit ihrer

* Peter Braun, Denn er wird meinen Fuß aus der Schlinge ziehen, Verlagsbuchhandlung, Berlin 1963 - S.S. 465

Gruppe? Es regelte sich alles nach einem stillen, aus der gemeinsamen Erfahrung gesättigten Befehl, der kein Zwang war! Hier war ein Pastor mit seiner Gemeinde aus Bessarabien unterwegs. 1939/40, als Bessarabien an Stalin abgetreten werden mußte, waren auch hier die Deutschen heim ins Reich aufgebrochen, hatten im Warthegau ihre vorübergehende Bleibe gefunden, bis sie die Kriegswoge erfaßt und weiterschwemmte. Über die Tuchler Heide, hart nach Norden, in die Stadt Gotenhafen. Sie ließen alles zurück, stapelten die Mehlsäcke auf den Stufen der nach oben führenden breiten Treppe, stellten neben diese große Milchkannen, die randvoll mit ausgelassenem Schweineschmalz gefüllt waren und zu diesem für still hungernde Menschen beglückenden Duett gesellten sich Räucherschinken, wie sie in den hofeigenen Räucherkammern nach uralten Erfahrungen zubereitet wurden. Welche Delikatesse! Welche Bereicherung unserer Speisekarte! Alle diese Kostbarkeiten fanden nicht mehr das Interesse der Behörden, die andere Sorgen hatten.

Der geschlossene Zug blieb nicht lange am Ort. Ein leichter Kreuzer, der auch dem Flüchtlingstransport diente, nahm sie auf. So waren sie gekommen, still und eigentlich auch unauffällig in jeder Hinsicht, jenseits von Aufregung und Unmut, und so waren sie gegangen. Und nur ihr Nachlaß erinnerte noch soviele Tage an sie, wie wir als Marinekriegspfarrer (Pastoren in der Marine für die Zeit des Krieges) hier bis zu unserem eigenen Aufbruch unsere Bleibe hatten.

Es war, als berührten uns mit diesen Menschen die einst nach Osten abgerufenen Vorfahren, Menschen, in denen sich der Mut zu neuem Beginnen tief mit jenem Vertrauen verband, daß Gott auch in der fernsten Fremde zu seinen Treuen steht.

In der Hungerzeit nach 1945 erreichte mich ein kleines Paket. Es kam aus Südamerika von einem Mennoniten, der nach 1945 dorthin ausgewandert war. Er gehörte während des Krieges in Reval zu meinem Bibelkreis. Er vergegenwärtigte sich das deutsche Elend, an dem er nicht teilnahmslos vorübergehen konnte. Sein Päckchen war in seiner Absicht mehr wert als sein Inhalt. Er wollte helfen. Er wollte vielleicht auch einen kleinen Dank abstatten - für die gemeinsamen Stunden, da wir im fernen Estland eine letzte, tragende Gemeinschaft im Gespräch, Gebet und biblischen Aussagen fanden.

Wer immer in den gebahnten Wegen des Lebens fortgegangen ist, begrenzt durch Gesetz, bestimmt durch Ordnung, Sitte und Form, welche in seiner Heimat als tausendjährige Gewohnheit von Geschlecht zu Geschlecht vererbt sind, und wer plötzlich als Einzelner unter Fremde geworfen wird, wo das Gesetz seine Rechte nur unvollkommen zu schützen vermag, und wo er durch eigene Kraft die Berechtigung zu leben sich alle Tage erkämpfen muß, der erst erkennt den Segen der heiligen Kreise, welche um jeden einzelnen Menschen Tausende von Mitlebenden bilden, die Familie, seine Arbeitsgenossen, sein Volksstamm, sein Staat ... (Gustav Freytag „Soll und Haben").

Begegnung mit der „Gustloff"

Bei jeder erfolgreichen Bedrohung durch den Feind, die zu dessen Sieg führt, wachsen die Gefahren der Disziplinlosigkeit als Vorläufer der Auflösung der Ordnung und des nahenden Chaos. In der Truppe werben Heißsporne für das Aufgeben des Widerstandes und Eingehen in die Flucht und Kapitulation und finden Gehör. Und soweit dann noch die Befehls- und Gehorsamsstruktur stärker ist als die Kräfte der Auflösung, kommt es zu rigorosen Schnellurteilen und zur Verhängung der Todesstrafe. Der eigentliche Initiator wird nicht mehr gesucht. Es wird vielmehr dann, auch um ein Exempel zu statuieren und eine entsprechende Abschreckung zu erreichen, die Gruppe pauschal verurteilt, das Gnadengesuch schnell verneint, und die Exekution findet gleich danach statt. Dem Geistlichen wird dann nicht einmal eine kurze Zeit belassen, um jeden Einzelnen sprechen zu können und ihm ein geistliches Wort mit auf den Weg zum nahen Tode zu geben. Ein solches Vorgehen ist das beredste Zeichen dafür, daß die Verteidigung nur noch im Ausbluten der letzten, noch vorhandenen Kräfte besteht. Das Erlebnis einer solchen kollektiven Erschießung hinter der Front ist zwar ein angsterregendes Fanal, aber führt nicht zu einer positiven Motivation der Soldaten. Diese sagen sich vielmehr: wenn es nun schon soweit ist, verbleibt für uns nur noch das Ertragen des Unvermeidlichen, entweder Tod an der Front oder die Chance als Verwundeter noch ausgefahren zu werden oder in der russischen Gefangenschaft zu sterben oder zu überleben. Die Erinnerung an solche Aktionen ist nicht auszulöschen aus dem Gedächtnis dessen, der hätte helfen können, dem aber die Möglichkeit dazu nicht gegeben wurde. Furchtbar ist der Anblick von solchen Soldaten, die da in ihrer Jugend von den zu einer solchen Aktion befohlenen Kameraden erschossen wurden. Wer sich zu einer solch widerlichen Aufgabe nicht bereitfindet, geht selbst den Weg, wegen Gehorsamsverweigerung exekutiert zu werden. Dies geschah im Zwischenfeld zwischen Gotenhafen und der Front. Fragen, ob denn der Eid, den der Einzelne dem Oberbefehlshaber Adolf Hitler geschworen hatte, noch seine Gültigkeit beanspruchen konnte, nachdem dieser die Ehre und die Zukunft des deutschen Volkes mit den von ihm verantworteten Verbrechen geschändet hatte und die Verteidigung aussichtslos war, wurden heimlich gestellt, konnten aber nicht öffentlich erörtert werden. Zudem wurde dem Volke, das an seinen so verursachten Untergang nicht glauben konnte, die Hoffnung auf eine wunderbare Wende zum Sieg suggeriert und sogar ein Schlager dazu verwandt, den die sonore Stimme von Zarah Leander sang: „Es muß einmal ein Wunder geschehn!"

In jenen Wochen wurde noch dazu der Film „Kolberg" gezeigt, der zum Symbol des Durchhaltens gemacht wurde, hatten doch einst im Jahre 1806/07 der Bürger Nettelbeck und der preußische Offizier Gneisenau die Festung Kolberg unter vielen Opfern so tapfer verteidigt, daß sie von der napoleonischen

Übermacht nicht vor dem Friedensschluß von Tilsit erobert werden konnte. So baute man hoffnungsvolle Parallelen aus der Geschichte des preußischen Staates auf. Ähnliches wurde mit dem Mythos „Friedrich der Große" mit starker filmischer Anschaulichkeit versucht. Wer das Leben und den Kampf dieses Königs von Preußen ein wenig kennt, weiß auch um seinen Ausspruch: „Ich habe Glück gehabt". Damit meinte dieser Souverän, der sich nichts vormachte, das Überleben in dem jahrelangen Debakel des Siebenjährigen Krieges gegen eine riesenhafte Übermacht! Aber Glück ist Glück. Es ist zwar herbeizusehnen, verhält sich aber so eigenwillig, daß auch geschichtliche Bedingungsparallelen es nicht zwingen können, auf der Bühne der Geschichte dem Unterlegenen zu Hilfe zu kommen. Im übrigen waren seitdem einundeinhalb Jahrhunderte vergangen, und die politischen Verhältnisse hatten sich so verändert, daß die Mehrheit der gegen Hitler stehenden Staaten nicht mehr von Königen, Kaisern oder Zaren regiert wurden. So war denn der Tod Roosevelts auch nicht mit dem der Elisabeth von Rußland zu vergleichen. Damals leitete deren Abtritt den Beginn der Friedensverhandlungen ein. 1945 war seitens Amerikas eine solche Folge nicht zu erwarten. Zumal Hitler, das eigentliche Hindernis jedes Friedensgedankens mit Deutschland, sich noch am Leben erhielt, weil er vielleicht tatsächlich in seinem illusionären Vorsehungsglauben auf ein für ihn glückliches Ende hoffte. Illusionäre Wahnvorstellungen wuchern in gottlosen Hirnen und führen aus der Nüchternheit des Glaubens heraus und treiben den Menschen in dunkle Abhängigkeiten jedweden Aberglaubens. Oftmals verliert der Besessene den Blick für die Realitäten und das Menschenmögliche.

Schnee auf Straßen, Plätzen, Häusern und Schiffen - und aus dem Grauschleier träge über dem Panorama der Stadt hängender Wolken blickte an jenem Morgen die winterliche Sonne auf das Treiben der Menschen herab. Ich fuhr über das breite Hafenbecken 10, das letzte gen Westen, hinter dem sich die Oxhöfter Kämpe erhebt. In irgendeinem niedrigen Gebäude wartete eines der Opfer der Kriegsjustiz und saß stumpf vor mir, nicht als hätte sich dieser Marinesoldat in sein Schicksal gefügt, sondern wie einer, der nicht begriff und begreifen konnte, was für Folgen ein dummes, unbedachtes Wort oder eine Art leichtfertig-unbedachter Aufsässigkeit für Folgen haben würde. Wieder wurde dem Seelsorger kaum Zeit gelassen, ein den Delinquenten warm umfangendes, hoffnungsschenkendes Gebet zu sprechen, das ihn auf die Rampe der Ewigkeit hob, allem selbstverschuldeten Elend in einem Augenblick enthoben zu sein. Und so war es in der Tat. Der Erschossene sah sich nicht mehr, wenn er unter dem Blutsturz mehrerer Wunden sein Leben aushauchte. Aber die Augenzeugen blieben zurück, erschüttert, angewidert, traurig und entsetzt darüber, daß hier ein Glied des eigenen Volkes von anderen Gliedern und deren Gewehrsalve sterben mußte. Diese andere Seite eines Krieges, die mit 5000 jungen und älteren Männern gefüllt ist, wird selten erwähnt. Und dabei handelte es sich nicht immer um Verrat oder disziplinstörenden Leichtsinn, sondern um Menschen, die den Zwiespalt und mit ihm die sich daraus ergebende Spannung - zwischen der Unvernunft und dem Verbrechen der NS-Herrschaft und der Vernunft des Friedens nicht durchhielten. Und da der Einsatz des „Kleinen Mannes" von vornherein unsinnig war und erfolglos bleiben mußte und mit seinem Sterben hinter der Front bezahlt wurde, richtete sich die Erwartung auf die militärischen Machthaber, die Generalität und Admiralität!

Diejenigen, die nicht zu diesen Kreisen gehörten, wohl aber um vergebliche Attentatsversuche wußten, gerieten in heimliche Verzweiflung, als auch der 20. Juli 1944 Hitler verschonte. Warum blieb er? War ihm letztlich doch noch der Erfolg beschieden? Man dachte daran, wie er dem einmalig waghalsigen und in Monaten zuvor tapfer vorbereiteten Anschlag im Bürgerbräuhaus zu München am 9. November 1939 entgangen war - ja, wie durch ein Wunder! Warum blieb er nicht länger bei seinen alten Kampfgenossen der sogenannten 14 Jahre, wie er es sonst zu tun pflegte? Warum verließ er den Raum, als von Gersdorff mit seiner Bombe unter der Uniform sich mit ihm töten wollte? Fragen über Fragen - Quellen und Nahrung für einen Mythos: „Dieser hat noch eine Aufgabe, er ist nicht tot zu kriegen!"

Es waren nur wenige hundert Meter bis zum Hafenbecken, das ich in seiner vollen Breite zu überqueren hatte, als ich das bordhohe, ehemalige Urlauberschiff der Deutschen Arbeitsfront - so nannten die Nationalsozialisten die Nachfolgeorganisation der Gewerkschaft, in den Blick bekam. Ich ging näher heran, denn nach dem blutigen Akt, den ich wieder einmal zu verkraften hatte, war mir verständlicherweise jede legitime Ablenkung willkommen. Es waren gerade die Minuten des Ablegemanövers gekommen. Zwei starke Schlepper zogen mit voller Kraft den Giganten vom Quai los, um ihn aus dem Hafen zu bugsieren. Ich sah hoch hinauf, wo sich die Menschen zeigten und sich gewiß glücklich priesen, mit diesem Riesen die Fahrt nach Westen anzutreten. Versah sich mein Auge nicht, so meinte ich tatsächlich eine zuversichtliche Stimmung an dem Verhalten der Menschen zu gewahren. Die Größe eines Schiffes gibt dem Landbewohner eher das Gefühl der Sicherheit als ein kleines. So stark und kraftvoll die Maschinen, soviele Menschen, ob es wohl fünf oder siebentausend waren, so schnell die Fahrt, ob jemand ahnte, daß gerade solche Dickschiffe, Zwei-Schornsteiner, die ausgesuchte Beute der relativ schwachen und unerfahrenen russischen U-Boote waren? Für diese war es leicht, sich die günstigste Position auszusuchen, um, wie auf einem Übungsplatz, die Torpedos für die Breitseite eines so respektablen Fahrgastschiffes zu lancieren. Dazu gehörte nicht viel Können. Der geeignete Platz, gleichsam die hohle Gasse, war dafür die Stolper Bank.

Am Morgen des darauffolgenden Tages lief von Mund zu Mund das Gerücht, die „Gustloff" sei untergegangen, versenkt durch ein russisches U-Boot. Über das Ausmaß des Unglücks war noch nichts Näheres bekannt. Aber es war wenig

Phantasie nötig, sich das Geschehen vorzustellen und in den schrecklichen Folgen auszumalen. Wer durfte nach Westen? Nicht jeder, der es gern wollte. Vor allem waren alle einsatzfähigen Männer ausgeschlossen. Sie hatten die Stadt zu verteidigen. So waren es denn Verwundete, Alte, Frauen mit kleinen, unmündigen Kindern - auf keinen Fall kampf- und einsatzfähige Soldaten. Um so entsetzlicher, ungerechter, ja brutaler mußte die Katastrophe sein. Der Krieg hatte bei der systematischen und stets überfallartigen Bombardierung deutscher Städte die Frauen und Kinder zu Abertausenden gefressen. Wind hatte Hitler gesät, der Orkan war gekommen. Und doch unterschied sich das Sterben der Menschen auf und mit der „Gustloff" von dem Leiden unter dem Bombenterror der alliierten Luftwaffe. Hier an der Stolper Bank war der Untergang dieses Schiffes in der eiskalten Ostsee ein kollektives Schicksal, das plötzlich in die vermeintliche Sicherheit aller an Bord befindlichen Menschen hereinbrach. Es nahm sie eben alle! Wer sich auf irgendeine Weise zu retten vermochte, hatte vielleicht einem anderen den Platz gegeben. In den Städten, die zerbombt wurden, selektierte der Tod seine Opfer, wenn auch Tod Tod bleibt. Er ist stets ein sehr persönliches und einsames Geschehen.

Als wir an diesem Morgen beim Admiral Sorge, der dann später mit seinen Truppen in russische Gefangenschaft ging, erschienen, erklärte dieser: „Wenn Sie gefragt werden, was mit der »Gustloff« geschehen ist, so antworten Sie, sie ist durch Torpedobeschuß untergegangen. Wir gaben ihr ein schwaches Geleit. Wir vertrauten darauf, daß sie mit ihrer relativ hohen Geschwindigkeit gegen Angriffe solcher Art geschützt sei." Wir gingen.

Was sollte man auch dazu sagen? Wer einen Krieg beginnt, muß wissen, daß er in der Grausamkeit eskaliert. Was helfen dann Conventionen?! Die Wirklichkeit ist stärker. Wer wie die russische Wehrmacht am Rande ihres Untergangs war, bevor die amerikanische Pacht- und Leihhilfe einsetzte, wird den Sieg doppelt genießen und mit allen angeblichen Rechten eines Rückeroberers sich rächen.

Der Fall „Gustloff" war ein dunkler Punkt in der Hoffnung der Flüchtlinge. Wann kam der nächste Schlag? Wen würde er treffen? Aber es gab nur diesen Ausweg aus der Sackgasse über das Meer! Man hatte keine andere Wahl! Wäre die russische Marine stärker gewesen, die gewaltige Rettungsaktion wäre so nicht möglich und erfolgreich geworden.

„Ich betrachte auch einen siegreichen Krieg an sich immer als ein Übel, welches die Staatskunst den Völkern zu ersparen bemüht sein muß."

Bismarck in einem Rundschreiben an die diplomatischen Vertreter des Norddeutschen Bundes am 9. Juli 1878.

Das Jahr 1918 auf „Prinz Eugen“

Als sich die russischen Truppen den „blauen Bergen“, den Ausläufern des Baltischen Höhenrückens, die Gotenhafen nach Süden schützten, näherten, erschien auf der Reede der Schlachtkreuzer „Prinz Eugen“. Er war zu der Zeit ein Meisterwerk deutscher Kriegstechnik und machte seinem Namen, dem Besieger der Türken (Schlacht bei Belgrad 1717) alle Ehre. Er hatte die Aufgabe, den Druck der russischen Panzerarmee, die nach Norden vorstoßen wollte, aufzuheben. Seine Anwesenheit wurde von der Bevölkerung und den Soldaten teils mit Erleichterung, andererseits auch mit bedrückender Nachdenklichkeit aufgenommen: Soweit ist es also schon! Der Kreuzer lag indessen unbehelligt von der russischen Luftwaffe da und sandte in Abständen seine schweren „Koffer“ nach Süden über die Berge. Und man erzählte sich, was eben nicht ausbleiben konnte, daß die Geschosse eine verheerende Wirkung, eben nicht allein unter den Panzern des Feindes, sondern auch unbeabsichtigt in den Flüchtlingstrecks angerichtet hätten. Es muß schon ein Geschehen ganz eigener Art gewesen sein, gleichsam im Schutz der nach Norden greifenden Bergabhänge plötzlich von schweren Granateinschlägen überfallen zu werden.

An Bord saß der Chef des Flottenkommandos, ein bekannter Admiral, der sich als Hilfskreuzer-Kommandant einen Namen gemacht hatte. Er galt in der Marine, wie sollte es anders sein, als ein aufrechter und frommer Mann, der seiner hohen Stellung mit seiner Persönlichkeit voll genügte. Männer, die in diesem zweiten Weltkrieg als Admirale dienten, hatten sich als junge Offiziere im ersten Weltkrieg bewährt und vergegenwärtigten in ihrer Haltung und Dienstauffassung den Geist der einstigen deutschen Marine, den sie uneingeschränkt in die neue Zeit übernahmen. Eben nur mit dem Unterschied, daß jetzt nicht der Kaiser, sondern ein Adolf Hitler der Oberste Befehlshaber war. Sie wußten sich zu Treue und Gehorsam verpflichtet und fragten weniger danach, ob denn nicht zwischen dem einstigen Souverän und dem jetzigen Diktator ein gravierender Unterschied bestand. Die Eidesbindung galt, und nur der eigene Tod oder der des Eidnehmers konnten den Gebundenen davon befreien. Im übrigen wirkte sich die von der Marine 1918 ausgegangene Revolution wie ein unübersteigbares Hindernis gegen jede gehorsamsfremde Aktion aus. Allein Admiral Canaris machte eine Ausnahme, die ihm durch sein Amt aufging. Die Berührung mit diesem Kriegsschiff und dem Admiral war dann allerdings keine erfreuliche, eher eine schuldvoll-tragische.

Ein junger Marinesoldat dieses Schiffes von ungefähr 21 Jahren, der Sohn kurischer Fischer, hatte Landgang gehabt. Wenn es auch für solche „Lords“ nicht das Amüsement mit den entsprechenden Frauen gab, so blieb doch der Alkohol als gefährlicher Lockerer des Mundwerks, als Freisetzer von Empfindungen und Gedanken, die man im nüchternen Zustand für sich behält. Im angetrunkenen

Zustand wird man auch dreist und über die Maßen mutig, daß Dinge herauskommen, die man zwar denken, aber nicht frei von der Leber weg daherreden darf. In einem solchen Zustand war er an Bord gekommen und anstatt sich ruhig und unauffällig in seine Koje zu legen und den Rausch auszuschlafen, rutschte er in dieser mehr als heiklen Lage aus und beschimpfte die Unteroffiziere und Offiziere allesamt als Schweine. Und gewiß ist im Zorn über die miserable Lage noch manch anderes Schimpfwort hinzugekommen! Die Frage stellte sich, ob er vielleicht über die Behandlung durch die Dienstjahre verärgert war oder ob er nicht das Sprachrohr einer zahlenmäßig nennenswerten Gruppe, die ähnlich wie er dachte, war. Nun ist aus der Geschichte der Handels- wie der Kriegsschiffahrt zur Genüge bekannt, daß an Bord Disziplin alles ist und der Kapitän mehr als ein König. In Augenblicken der höchsten Gefahr und einer äußersten Not kann es tatsächlich nur eine Befehlsstelle geben und das ist der, dem das Schiff anvertraut wurde. Meuterei ist eine Art Kleinkrieg an Bord, ein Aufstand, der das Schiff und seinen Auftrag gefährdet. Daher wird irgendein Aufbegehren hart und unnachsichtig, und wenn Worte nicht ausreichen, mit augenblicklicher Gewaltanwendung niedergekämpft. Steckten mehr Soldaten als der eine hinter seiner Aussage? Wer wollte darum wissen und wer schwiege nicht, nachdem er die zupackende Maßnahme an dem, der die Beleidigung gegen die Offiziere ausgestoßen hatte, sah! Wie schnell ein Kamerad vor die Schranken des Gerichtes gelangen konnte! Aber über all diese Vermutungen hinaus konnte man dem Fall von der menschlichen und sehr aktuellen, familiären Ebene her begegnen. Ein kurischer Fischersohn! Von Kindesbeinen mit dem Wasser vertraut, der Arbeit seines Vaters zugetan. Und wenn er einmal zur Truppe müßte, dann eben nur zur Marine, das war ausgemacht, und der Wunsch war ihm erfüllt worden. Er durfte das blaue Kleid tragen und auf einem stolzen Kreuzer dienen. Vielleicht hatten ihn Träume eingefangen, wie schön es wäre, zu dieser Elite gehören zu dürfen und auf die Erfüllung des Ersehnten kam die Enttäuschung - durch den Drill - die Enge des Schiffes und die Kameraden. Ja, auch die, mit denen man auf engstem Raum zusammenleben muß, können eine drückende Last sein. Und letztlich war er ein Kind der herrlich-souveränen Landschaft - das Meer, die Dünen, das Kurische Haff, die einsamen Dörfer, wo jeder jeden kannte. Seine Eltern und Geschwister und Verwandte - wo waren sie? Verschleppt, vergewaltigt, am Leben oder tot, denn längst hatten die Russen diesen Landstrich erobert und sich gewiß nicht anders verhalten wie sonst! Und da der Vorgesetzte im Hirn eines solchen Landjungen zugleich der vollverantwortliche Garant dafür ist, daß alles gut gehen muß, konnte bei der Kriegslage sich seiner eine unendliche Verzweiflung bemächtigen, die ihn jede Geduld und nüchternen Sinn verlieren ließ.

Wer wollte in das Herz dieses verschlossenen Menschen schauen? Und wieder wurde gegen Ende des Krieges nur noch - auch hier - der Regel genügt. Bevor der zum Tode Verurteilte an den Pfahl gebunden wird, darf er ein oder zwei Stunden vorher Gelegenheit haben, seinen Pfarrer, wie es hieß, zu sprechen. Und wie war es? Der arme Kerl saß ganz unten auf dem Boden des Kreuzers - im Halbdunkel wie in einer Vorhölle. Was ihn vielleicht interessiert hätte, ob sein Gnadengesuch angenommen war, das war alles längst entschieden. Jetzt ging es nur noch darum, auch die letzte Strecke des kurzen Wegs zum Schafott bestehen zu können. Zwei Männer in einer hilflosen Lage. Der fremde, junge Soldat und der fremde junge Marinepfarrer. Der erste stiert in das Unumgängliche, und der andere weint mit seinem Herzen um das Ende dieses jungen Lebens - in einem Krieg, der Grund zum Haß - vom ersten Tage an - gegen diejenigen wuchern ließ, die da glaubten aus Großmachtswahn, ihn beginnen zu können. Wie anders war es bei jenen Kameraden im weiteren Osten, im Baltikum, die monatelang zwischen Hoffen und Bangen schwebten und sich im Gespräch mit ihrem Pfarrer über ihr Schicksal und dessen Überwindung klar werden durften! Wer wollte hier in der Kürze der Zeit etwas anderes machen, als ein Gebet zu stammeln, das im selbstverschuldeten Großelend der Menschen nichts anderes beinhalten konnte, als die leidenschaftliche Bitte, Gott möchte über Bitten und Verstehen hinaus in Zeit und Ewigkeit diesem Leben Gerechtigkeit und Friede schenken. Ein Mensch - ein Wesen zwischen dem, was er tut, sieht und beurteilen kann und dem, was sich seinem nur diesseitigen Horizont entzieht!

Ich erschien beim Admiral. Ich wußte, daß es für ihn und sein Kriegsgericht keine leichte Entscheidung war, ein solches Urteil zu fällen. Und es gehörte zum Respekt gegenüber dem geistlichen Stande, daß auch ein Admiral bereitsein mußte, das Wort des Pfarrers zu hören. Aber was ich auch vortrug - Jugend, verlorene Heimat, Betrunkenheit und mit ihr Unzurechnungsfähigkeit und Sonstiges mehr, auch meine Bitte: Geben Sie ihm 15 Jahre Zuchthaus, alles zerschellte an der glasklaren Aussage des Geschwaderchefs: „Herr Pfarrer, wir Marineleute tragen seit 1918 eine Last mit uns. Bei der Marine begann die Revolution. Diesmal passiert sie nicht. Dafür stehen wir ein. 1918 kennt bei uns keine Wiederholung." Das war es also, das den Ausschlag gegeben hatte. Und als ich nach dieser Unterredung mit einem Kapitänleutnant des Stabes sprach, den ich als überzeugten Christen kannte und dessen Gebete wir heimlich bewunderten, und ihn um Hilfe bat, erhielt ich eine klare Abfuhr. In der hochkritischen Situation, den Krieg faktisch verloren zu haben, täglich in die völlige Aussichtslosigkeit starren zu müssen und dennoch weiterkämpfen zu müssen, war es wohl vom Standpunkt der Militärs und der notwendigen Wahrung der Disziplin erforderlich, kurzfristige Entscheidungen zu treffen und nicht lange zu fackeln, wenn es auch Menschenleben kostete. Was sollte werden, wenn man die Zügel hängen ließ und dem Chaos Raum gab. Der Kreuzer hatte die Aufgabe, entlang der Ostseeküste überall dort zu helfen, wo es die kritische Situation gebot. Hinhaltende Verteidigung, um möglichst viele Menschen übers Meer retten zu können.

Es ist ein Wintermorgen. Die Nacht schwindet nur langsam, als wehre sie sich gegen den anbrechenden Tag. Eine geschlossene Wolkendecke hängt über der Danziger Bucht. Das Schiff macht keine Fahrt. Kein Seegang. Die bleierne, leicht gewellte Wasserfläche ähnelt dem Grau des Himmels. Wolken und Wasser ergänzen sich, als gliche der Raum zwischen ihnen einer riesigen Höhle, in der an einer bestimmten Stelle eine mitleidlos grausame Szene spielt. Der Pfahl ist nach Westen in der Mitte von Backbord und Steuerbord errichtet. Die gesamte Mannschaft ist an Decke befohlen und verharrt schweigend in einem Rechteck, das in der Schußrichtung offenbleibt. Mit einer straffen, wortlosen Eile wird der Verurteilte herangeführt, das Urteil verlesen und damit ist die Erschießung freigegeben. Der Matrose wird an den Pfahl gebunden und ein Tuch über seinen Augen nimmt ihm den Blick auf das Kommando. Die Salve kracht. Zerfetzt sinkt der Körper in sich zusammen. In diesem Augenblick reißen kurze Kommandos die Mannschaft in den Abmarsch. Der schreckenerregende Blick auf den Toten, der noch vor kurzem ein Kamerad wie jeder andere war, soll jeden treffen und belehren, daß die gesamte Mannschaft nur dann ihre Pflicht erfüllen kann, wenn sie wie ein lebendiger Körper ist, der sich die Krankheit eines Gliedes nicht leisten kann. Vielleicht wartet schon der Tag, an dem das Schiff mit der ganzen Besatzung seiner Bewährung ausgesetzt wird.

Solange ist es nun her, Jahrzehnte sind seitdem vergangen. Aber die offene Wunde bleibt. Sie heilt nicht zu. Sie ist im Rahmen des Kriegsgeschehens mit soviel Toten nur ein winziger, dunkler Punkt in einem Meer, das tiefschwarz ist und von vielen Völkern gefüllt wurde. Ein Schicksal im Heer der Millionen, und doch wiegt ein Leben unendlich viel und verwandelt sich zu einem Mahnzeichen, wie folgenreich die Schuld im Dasein des Einzelnen wie der Völker ist. Ein Einziger vermag, wenn er die Macht hat, sich wie ein schrecklicher Dämon über den Völkern erheben, die unter seinen Zielen und Plänen alle miteinander vereint und in das Sterben und Leiden gerissen werden. Wie tief muß gerade der Mächtige in der Verantwortung vor Gott verankert sein, um den Versuchungen um Ruhm, Machtausweitung und Verachtung der Menschen zu entgehen. Die Neuzeit kennt von Napoleon über Lenin, Stalin und Hitler Beweise, daß es nichts Bedenklicheres und Gefährlicheres gibt als Menschen, die sich in Wahnvorstellungen über ihre besondere Berufung und Bedeutung verstricken, Unterworfene für sich bluten lassen und so zur Geißel der Menschheit werden.

„Ein gewaltiger Mann bereitet dem Staate Verderben, tief in der Knechtung Bann fällt das unwissende Volk. Wen gar licht man erhob, den stürzt man wahrlich so leicht nicht. Alles im voraus zu schauen, alles zu prüfen, tut not.

(Solon, Gesetzgeber von Athen 640-560 v.Chr.)

Maruscha - die liebenswürdige Kaschubin

Inmitten all des traurig-tragischen Geschehens der letzten Tage dieser Stadt wuchs die Nähe der Menschen zueinander und übersprang sonst wichtig erscheinende Grenzen. Die beiden großen Konfessionen, die evangelische und die römisch-katholische, fanden in ihren Vertretern brüderlich zusammen, hatten sie doch in der nationalsozialistischen Weltanschauung und deren macht- und gewaltausübenden Vertretern die Gegner, die nach dem Sieg den christlichen Glauben auslöschen wollten. Ob Priester oder Pastor, sie gingen in einem solchen Falle dem Martyrium entgegen, wenn sie nicht zur Untreue bereit wären. Es war manches vorbereitet, den evangelischen Pfarrstand auszuhöhlen. So erhielt die evangelische Marinepfarrerschaft in der Mitte des Jahres 1944 das Angebot von der SS, es könnten Pastoren, wenn sie ihren Beruf aufgäben, Landräte und Regierungsräte im Osten werden, da sie durch ihren akademischen Stand und ihr vaterländisches Verhalten gute Voraussetzungen für eine solche Verwendung mitbrächten. Der evangelische Marinedekan las das Schreiben vor, lächelte und legte es unter der Zustimmung dort anwesender Marinepfarrer zu den Akten.

Aber nicht nur auf diesem konfessionspolitischen Felde ergaben sich verheißungsvolle Annäherungen, sondern auch in dem Bereich Deutsche und Kaschuben. Die letzteren sind ein westslavischer Volksstamm, der sich nach dem Verschwinden der Germanen, der Ostgoten und der Skiren zwischen der Weichsel und Ostpommern festgesetzt hatte. Sie füllten den Raum, der bis hinunter zur Linie Kulm-Flatow verlief und lange Zeit Pommerellen-Klein-Pommern hieß. Sie sprachen einen slavischen Dialekt und erhielten sich diesen noch lange Zeit bis in die Gegend von Stolp. Wie auch immer die Herrschaften wechselten, sie blieben ihrer Heimat als bodenständige Bevölkerung treu und waren auch dann treue Untertanen, als auf den Deutschen Ritterorden, die polnische Königsherrschaft und auf diese die preußische Regierung folgte. Friedrich II. von Preußen nannte seinen Minister von Grumbkow le Cassubien (den Kaschuben). Eine Abwertung eines Stammes nach rassischen Vorurteilen kannte dieser Staat nicht. Der Maßstab für Wert oder Unwert der Menschen jenseits von Rasse und Religion war allein die Leistung für den Staat, der für das Gemeinwohl aller seiner Untertanen sorgte.

Die Kaschuben zeichneten sich durch stille Diensttreue und Herzlichkeit aus. Der karge Boden, den sie in der Tuchler Heide bewirtschafteten, band sie an eine bescheidene und sehr mühevolle Lebensbehauptung. Zu diesem sympathischen slavischen Volksstamm, dessen Glieder sich zudem längst mit Deutschen vermischt hatten, gehörte eine Frau, die uns unter ihrem Namen Maruscha bekannt und lieb wurde. Sie war die hauswirtschaftliche Dienerin des polnischen Priesters gewesen, den man seitens der Partei in unwürdiger Weise durch die Straßen der Stadt vertrieben hatte, indem man ihm ein Hemd und sein Kreuz beließ. Dieser Vorgang wiederholte sich und bezog sich nicht nur auf polnische Geistliche. Eine ähnliche Gemeinheit hatte man sich mit einem hochbegabten und beliebten Pastor am Kolberger Dom in Ostpommern erlaubt. Man trieb ihn gleichfalls im Hemd durch die Straßen der Stadt, deren Bürger in ihm nicht nur den wortgottestreuen Pastor, sondern auch den Künstler verehrten. Ein Mann im Hemd, das sollte diesen lächerlich machen und das christliche Kreuz am Halse des so Gedemütigten sollte die Ohnmacht der Kirche aufzeigen. Die Partei, die solche Übel zu verantworten sich getraute, säte Haß und stellte sich mit dem vielfältigen Mord an polnischen Priestern an die Seite des Bolschewismus.

Maruscha, die arglos demütige Dienerin war so alt, daß sie sich noch der Zeit des deutschen Kaiserreiches erinnern konnte. Sie war ja keine Polin. Sie wußte noch davon, daß es den Kaschuben niemals so gut ging wie unter der preußischen Königs- und der deutschen Kaiserkorne. Ihr Wechsel zum evangelischen, aus dem Baltikum stammenden Zivilpfarrer an der Luther-Kirche (so hieß die ehemalige polnische Kirche jetzt) fiel ihr gar nicht schwer. Sie blieb sich selber treu und allen Menschen, die ihr begegneten, lieb und wert. Die schlichte, bescheidene und jederzeit hilfsbereite Art erwarb ihr hohe Achtung und wurde ihr mit gleicher Herzlichkeit entgolten. Maruscha konnte man nicht übersehen und wo sie nur helfen konnte, da tat sie es - ohne viel Worte. Und ihre deutsche Mundart trug das ihrige dazu bei, sie sogar als ein gewisses Original zu erleben. Sie ging also nicht als Haushälterin zu dem deutschen römisch-katholischen Zivilpfarrer, der wie der deutsche evangelische Pfarrer im gleichen Hause wohnte, und insofern baute sie als Katholikin eine ihr gemäße oekumenische Brücke und war in der Gemeinsamkeit der beiden Konfessionen unter einem Dach der gute Geist herzlicher Verbindlichkeit. Sie war zu allem bereit, was aus ihrer Schau der Dinge zu verantworten war. So verstand sie den Wunsch ihrer Landsleute, sich gelegentlich an einem guten Rotspon, wie der Rotwein in der Sprache der Marine hieß, zu laben. Und ebenso wußte sie, daß die Ration, von der ein Deutscher in der Stadt oder in der Marine leben mußte, ihn zu einem mittelstarken Dauerfasten zwang. Maruscha erledigte den Handel unauffällig: eine Flasche Rotspon gegen drei bis manchmal vier Pfund Schweineschmalz. Sie war sogar zu waghalsiger Hilfe bereit.

Als der Einschließungsring der Russen immer enger wurde und diese zwischen Gotenhafen und der alten deutschen Großhandelsstadt Danzig mit Langfuhr, Zoppot und Oliva einen Keil getrieben hatten, erörterten wir als Gemeinschaft der evangelischen und römisch-katholischen Marinepfarrer unsere nahe Zukunft. Würden wir mit einem der Schiffe im letzten Augenblick vor dem gänzlichen Zugriff der Russen die Stadt verlassen können oder in deren Hände fallen? Die Lage wurde gründlich nach allen Seiten besprochen. Sie war nicht aussichtslos, aber auch nicht ungefährlich. Niemand wollte in die russische Gefangenschaft. Maruscha war wieder mit einem Hilfsangebot zur Stelle, das verständlicherweise den katholischen Priestern, ihren Geistlichen, galt. Sie erklärte sich bereit, die Priester, es waren derer zwei, in Zivilkleidung zu stecken und sie in dem ihr wohlbekannten und vertrauten Dorf zu verbergen, bis die Verhältnisse sich beruhigt hätten. Dieser Plan wurde ernsthaft erörtert, obwohl bei dem ersten Blick sich viel mehr Gründe dagegen als dafür ergaben. Einer der Priester, der jüngere, hatte Neigung, dem Angebot der Maruscha zu folgen, die ihrerseits zu lieb und harmlos war und auch so dachte, um dem, was auf die Menschen zukam, einigermaßen gerecht zu werden. Was scherte die russischen Häscher der Priesterstand? Sie sind dessen Feinde. Sie sehen auf die vorhandene Arbeitskraft und schicken den enttarnten Priester, der sich verstecken wollte, nach Sibirien zur Arbeit. Und damit basta! Immer findet sich unter den Kaschuben oder den nachfolgenden, dies Gebiet erneut besetzenden Polen einer, der nicht dichthalten kann und der seine kleine Rache an einem Deutschen glaubt nehmen zu müssen, weiß um den Priester, und dieser wird trotz seiner Weihen das Opfer. Der andere Priester war älter, vorsichtiger und reifer im Urteil. Für ihn kam eine solche Art von Flucht überhaupt nicht infrage. Er war Preuße, kannte die Genealogien der deutschen Fürstenhäuser auswendig und war nicht in dem Sinne Nationalsozialist, daß er sich zu dieser Ideologie bekannte; wie sollte er das? Aber er wußte, daß mit dem Zusammenbruch des Reiches eine Art Ende der deutschen Nation folgen würde, eine Periode der Rache der Feinde - mit sehr unterschiedlichen Methoden und Tendenzen. Er erlitt von uns vieren, den zwei katholischen und zwei evangelischen Pfarrern, die Katastrophe am unmittelbarsten, denn er dachte daran, was wohl von der von ihm so geliebten Stadt Berlin übrigbleiben würde. Zuerst alliierte Bombenteppiche - seit mehr als zwei Jahren dieser Vernichtungssturm und nun die russische Artillerie und Häuserkämpfe. Es ehrte diesen Priester, in solcher Not sein Vaterland und seine engere Heimat Brandenburg zu vergessen. Das war im übrigen für uns alle eine Sorge, die neben der Ungewißheit um die eigene Zukunft mit uns ging - bei Tag und Nacht und wo wir uns gerade aufhielten. Wer wollte nach so langer Kriegszeit an deren bitterem Ende noch sterben?!

Maruscha war gewiß keine Intelligenz des Verstandes, aber eine des Herzens. Sie strahlte eine beachtenswerte Ruhe aus, und es war gar nicht ausgemacht, daß nicht auch über sie der Schrecken hinwegziehen würde, den die deutschen Frauen in jenen Monaten zu Hunderttausenden erleiden und hinnehmen mußten. In ihrer Art war sie ein Zeichen frontunabhängiger Menschlichkeit und damit ein Zeichen der Hoffnung, daß es inmitten des Kriegswahns und der Feindschaft der Völker eine Welt gibt, die hoffen läßt. Dies aus der Erkenntnis, daß es nicht besser werden kann, wenn die Menschen sich nicht wandeln und im Sinne Christi die Weisheit des Herzens über die dem menschlichen Egoismus zur Verfügung stehende Vernunft stellen.

Sie fand sich auch ein, als ein schöner, sonnenheller Morgen über der Stadt und ihrem Hafen stand - an jenem Quai, an dem ein Geleitboot des Kreuzers, der schon viele Flüchtlinge nach Kopenhagen gebracht hatte, auf die Sekretärin des evangelischen Pfarramtes und deren jüngere Schwester wartete, um diese zu dem Rettungskreuzer zu bringen. Es wurde ein schwerer, aber herzlicher Abschied, der nicht ohne einen Tränenschleier in den Augen der Beteiligten verlief.

Ein Christ ist ein solcher Mensch, der gar keinen Haß noch Feindschaft wider jemand weiß, keinen Zorn noch Rache in seinem Herzen hat, sondern eitel Sanftmut, Liebe und Wohltat…

Martin Luther, Deutsche Schriften

Verlassenheit

Der Horizont färbt sich rot. Das eigene Herz blutet. Die russische Luftwaffe darf ungehindert das herrliche Danzig bombardieren. Es ist das mittelalterliche Großjuwel des Ostens. Genau siebenhundert und neun Jahre, fast ein dreiviertel Jahrtausend - die größte deutsche Handelsstadt des Ostens. Ein Museum vergangener „Hochzeiten“ mit der gewaltigen Marienkirche, der zweitgrößten evangelischen Kirche der Welt, den alten Patrizierhäusern mit ihren Beischlägen, dem Artushof und dem oft abgebildeten Krantor, als wäre dies das Markenzeichen seiner Existenz, der Lagerung der Güter aus dem weiten Becken der Weichsel, ob dies nun deutsch oder polnisch war. Was hier durch die Tüchtigkeit und den Fleiß deutscher Kaufleute geschaffen wurde, geht nun unter der primitiven Zerstörungswucht des Krieges in Schutt und Asche auf. Ich kann es nicht fassen und blicke aus einer der öden Straßenschluchten der nächtlichen Stadt immer nur nach Osten, und nichts ist mir näher als eine ohnmächtige Wut und Tränen über das Ende einer christlich-bürgerlichen Baukultur, die den Besucher aus der Bewunderung in das Staunen vor dem Gemeinschaftsgeist jener frühen Stadtbewohner erhebt. Die mit einfachsten technischen Mitteln Werke schufen, die buchstäblich jenen ewigkeitlichen Hauch dem modernen Besucher vermitteln, der sich in den letzten Jahrhunderten in eine Zeiteile und Zweckmäßigkeitsenge menschlichen Handelns verflachte. Der Kaufmann haßt den Krieg. Er will den Frieden, der den Menschen zum Glück und zur Zufriedenheit verhilft. Und so trieben die Väter dieser Stadt eine Politik zwischen den jeweiligen Mächten, um möglichst einer einseitigen machtpolitischen Verwertung ihrer Kraft zu entgehen. Der Handel liebt in der Tat den Frieden, und polnische Waren waren deshalb nicht schlechter, weil sie aus einer anderen Nation kamen als der eigenen. Es war wohl alles anders als in der neuesten Zeit, da sich die Kriege wie ritterliche Mutbeweise ausnahmen oder zumindest nicht die Sache des breiten Volkes, sondern die der Könige und deren angeworbener Söldner waren. Die Technik machte die Waffen erfolgreicher im Töten des Feindes und die aus der französischen Revolution von 1789 stammende Idee der allgemeinen Wehrpflicht führte zu Volksheeren, die zu Hunderttausenden, im 20. Jahrhundert zu Millionen Soldaten aufschwemmten. Technik und Masse waren eine Walze, die Menschen, Landschaft und Kulturdenkmäler unter sich begrub und zerquetschte. Je mehr der abendländische Mensch unter der Qual der napoleonischen Gewaltherrschaft und durch die Romantik sich in seinem Volke gegenüber anderen vereinzelte und den kosmopolitischen Zug der Aufklärung verlor, büßte er auch die Verantwortung vor der gemeinsamen abendländischen Tradition ein.

Es ging offenbar in diesen zwei Jahrhunderten nur noch um Macht und Gegenmacht, um Kolonien und Weltgeltung, als wolle ein europäisches Volk dem anderen den Platz nehmen, den an der Spitze immer nur ein Volk einnehmen kann. Aber war es je anders? In der Vergangenheit und würde es anders sein - in der nun anbrechenden Zukunft, in der die deutsche Nation aus dem machtpolitischen Treiben ganz ausgeschaltet wurde? Es blieb wie zuvor, es wechselten nur die Kampfpartner und deren Gegner!

Am östlichen Horizont verlöschen die Feuerbrände nicht. Sie finden genug Nahrung in den engen Gassen. Das Feuer braucht nicht einmal zu springen. Es folgt seiner eigenen Systematik und verschont nichts. Wer soll ihm wehren? Die Angst vor dem Kommenden lähmt jede Aktivität und der Untergang der Stadt in ihrem Herzen erscheint so, als hätten ihre Bewohner schon das warme Gewand verloren, um nunmehr nackt in die Weite Rußlands abtransportiert zu werden, die die Reste der Bevölkerung, die bisher noch nicht umgekommen oder umgebracht worden war, wie in einem Riesenrachen verschlingen würde.

Es ist, als müsse ich mich mit jedem einzelnen der Abertausend unbekannten Schicksale verbinden und bereits selbst mich in dem Strom der Zwangsabwanderer befinden, deren Zukunft unvergleichlich schwerer sein wird als das der antiken Sklaven. Ich kann nicht schweigen. Ich klage unter harten Worten die Verantwortlichen an, die nicht aufgeben, sondern bis zum letzten Hitlerjungen - ohne Mitleid mit dem eigenen Volke - weitermachen, das Volk auszubluten. Wo nur ist ein Fünkchen Liebe, das die Verzweiflung mäßigen könnte? Es ist Nacht! Wer im Dunkel redet, ist weit zu hören. Wer seine Worte mit dem heißen Atem der Empörung ausstößt, fällt noch mehr auf. Mein rheinischer, älterer amtsbrüderlicher Weggenose behält die Nerven. „Halte den Mund! Willst du noch kurz vor Schluß des blutigen Dramas ohne viel Federlesen an irgendeiner grauen Mauer erschossen werden?!“ Er flüstert, damit das, was er sagt, niemand vernehmen kann: „Jetzt geht es nur noch darum, seine Pflicht zu tun und zuzusehen, daß wir der eigenen Unvorsichtigkeit nicht zum Opfer fallen.“ Ich

schweige. Er hat recht. Dies beides ist jetzt allein nicht nur wichtig, sondern notwendig. Sich zusammenreißen und durchhalten. Es ist völlig offen, was mit uns wird. Der Admiral ist gerade nach Hela aufgebrochen, um aus einem gewissen, räumlichen Abstand seine Verantwortung wahrnehmen zu können.

Wir gehen einige hundert Meter weiter, da steht ein schlanker Schatten vor uns. Es ist ein Zivilist und da er uns als Marinegeistliche erkennt, sprudelt es aus ihm heraus, als wären wir Bekannte oder gar Vertraute. Die Angst zerbricht Schranken und öffnet die Tür zum Unbekannten, ob dieser vielleicht helfen könnte. Und es mag schon helfen, das mit innerer Not vollgepfropfte Herz im Wort zu entlasten. Und er fängt an: „Ich bin Balte und von Beruf Apotheker. Ich habe mit dem Einsatz als Soldat zur Verteidigung nichts zu tun, denn ich verstehe von diesem Handwerk nichts. Was soll ich nur machen. Sie lassen ja keinen Mann heraus, der nicht alt oder schwer verwundet ist. Wenn die Russen mich kriegen und an meiner Sprache hören, daß ich Balte bin, so erschießen sie mich sofort. Wohin soll ich fliehen, was soll ich nur machen - abwarten, bis sie mich fangen und erledigen?" Er ist einer der vielen, die so zurückgehalten wurden und hoffnungslos dem Feinde preisgegeben wurden. Deutschbalte! Warum seid ihr nicht geblieben, um beim Aufbau der Sowjetunion zu helfen, statt daß ihr euch unter dem Schutz der Verträge zwischen Hitler und Stalin nach Deutschland aufmachtet und damit zu unseren Feinden wurdet? Schon euer Aufbruch war Mißtrauen und Verrat an unseren edlen Zielen, mit dem Sozialismus eine bessere Welt zu bauen.

Wir können diesem Mann keine andere Versicherung geben, als daß in den Tagen vor der unmittelbaren Besitznahme der Stadt durch die Rote Armee sich alle Ordnung auflösen wird und er damit auch frei wird, auf irgendeine Weise seine Zukunft zu meistern und eventuell mit einem letzten Schiff über das Meer zu entkommen.

An einem anderen Tag besuche ich eine junge Mutter, die gerade ihrem Kinde das Leben gegeben hat. Wohin mit ihr? Warum wurde sie nicht, wenn auch im hochschwangeren Zustand, auf ein geeignetes Schiff gebracht? Es mag später noch gelungen sein. Aber der Gedanke an diese junge deutsche Familie bedrängt mich bis zur Stunde. Und wiederum reihen sich an diese Mutter mit ihren Kindern viele andere und ähnliche Schicksale.

Und kommt der Tag, vielleicht der zehntletzte unseres Verbleibens, wir stehen an den Gräbern auf dem Friedhof oberhalb des Bahnhofs. Dort sind viele meterlange Gruben ausgehoben, um die zahlreichen Toten als Tagesernte einzubringen und würdig unter dem Wort gottverwurzelter Hoffnung zu bestatten. Nicht namenlos als Molekül der Masse, sondern mit Namen und Herkunft. In jenen Tagen, als sich endgültig das Geschick der Stadt Gotenhafen entschied, zogen von Danzig aus bereits die Kolonnen nach Graudenz, stürzten sich die auf den Straßen und Häusern eingefangenen Männer und Frauen und Kinder von 12 Jahren vereinzelt in die kalten Wasser der Weichsel, um einer Sklaverei, die jahrelang andauern konnte, so zu entgehen. In dieser Stadt, die rechtsseitig des Flusses liegt, eine Festung war und nach der ersten polnischen Teilung 1772 unter die aufbauende und ordnende Hand Friedrichs des Großen kam und damit aufblühte, wurden die Danziger verladen, um in die Südostecke Rußlands zur Schürfung von Nickelerde gebracht zu werden. Krankheit und Hungerrationen verminderten schon während der wochenlangen Fahrt die Zahl der Verschleppten. Die Rache hatten nicht allein die Kriegsgefangenen und Frauen, sondern jeder, auch das unschuldige Kind zu erleiden. Ein solches Vorgehen gegen den besiegten Feind ist nur noch durch die Griechen überboten worden, wenn sie in ihrer heidnischen Zeit andere griechische Städte ausmordeten und dem Erdboden gleichmachten. Es war in diesem zweiten Weltkrieg und dessen von Hitler verlautbarten und zum Teil auch schon getätigten Kriegszielen im Osten und seiner unberechtigten Verachtung des slavischen Menschen die heidnische Barbarei zurückgekehrt --- nach dem bekannten Wort des philosophischen Heiligen der NS-Ideologie Friedrich Nietzsche: „Als ob Moral übrig bliebe, wenn der heiligende Gott fehlt". Die beiden neuheidnischen Macht- und Gewaltsysteme standen sich unter dem nationalen und dem marxistischen Sozialismus im Verrat an der sozialen Gerechtigkeit und der Menschenwürde nichts nach. Verschleppung und Verteibung waren die historisch-signifikanten Ausweise der Menschenverachtung. Hatten die Danziger als Bürger des vom Völkerbund installierten Freistaates noch mit einer Sonderbehandlung und sogar mit der Wiedereinrichtung dieses Rechts- und Ordnungsgefüges gerechnet, so mußten sie schnell erkennen, daß sie als Deutsche wie alle anderen Glieder dieses Volkes zur Konkursmasse gehörten, mit der man machen konnte, was man wollte.

Wer in diesen Tagen an die Zukunft dachte, schaute in einen Abgrund, der ihn mit Leib und Seele zu verschlingen drohte. Und was an Leid der Seele und des Körpers zu erdulden war, war mehr als ein verlorener Krieg, dem nach bisherigem Verständnis ein Friede folgen mußte, - es war die Auslieferung eines ganzen Volkes in die Hände derer, die nach soviel Leiden die Rechnung aufmachten - und damit neues Unrecht schufen, die zu strafen, die durch die totale Diktatur ihrer Freiheit und demokratischen Verantwortung beraubt waren.

Ein sträflicher Frontbesuch

Die Front war näher gerückt. Man vernahm deutlich das Donnern der Flak-Batterien, die nach 1939 um die Stadt in einem weiten Ring eingebaut waren, um den wichtigen Hafenort gegen Luftangriffe zu schützen.

Jetzt hatten diese eine andere Aufgabe. Darum senkten sie ihre Rohre zur Erde gen Westen, Süden und Osten. Ihre Granaten fauchten niedrig über die Landschaft hinweg und trafen reihenweise die angreifenden russischen Panzer, die der starken Wirkung dieser Geschütze in keiner Weise gewachsen waren. Es regnete Ritterkreuze für die Offiziere und Mannschaften, die hier an vorderster Front sich bewährt hatten. Die Batterien waren nach dem Zerbröckeln der sogenannten Weichselarmee der noch intakte und für den Feind nur langsam zu überwindende Verteidigungsring, den er nur durch die Masse seiner Panzer und seiner Truppen überwinden konnte. Den deutschen Soldaten fehlte nicht allein der Wille zu härterer Verteidigung. Seit zwei Jahren das Geschick des Rückzuges aus dem Kaukasus und von der Wolga ertragen zu müssen und seitdem nie mehr einen entscheidenden Erfolg erzielt zu haben, muß die härteste Moral langsam zermürben. Und was von den deutschen Soldaten dennoch geleistet worden ist, ist nicht nur bemerkenswert, sondern ehrenwert, verteidigten sie doch ihr Vaterland und hofften sie ebenso auf eine glückliche Wende - nicht für den, der sie in diesen Krieg geschickt hatte, sondern eben für das Land, wo ihre Eltern, Mütter, Frauen und Kinder lebten. Das in den Wochenschauen und in der Propaganda erstellte Bild vom Krieg, Siegen und dem Soldatenschicksal war ein anderes als das der Wirklichkeit. Von Ausnahmen einmal abgesehen, war der deutsche Soldat kein Fanatiker, sondern ein Mensch, der seine Menschlichkeit sich durch die schweren Jahre erhielt und darin seine Ehre hatte.

Zu dieser seelischen Not kam bei der Verteidigung dieser Stadt der Mangel an Waffen und Munition.

Wie es nun eigentlich zu unserem Aufbruch an die Front kam, hat sich indessen meiner Erinnerung entzogen. Vielleicht wollten wir nicht als Etappenhasen gelten und jene Soldaten einmal sehen, die zu unserer Marineflakartillerie gehörten, der ich im Jahre 1940 im Bereich Kiel-Elmschenhagen angehört hatte. Wir wollten wohl zeigen, daß wir uns nicht fürchteten, dorthin zu fahren, wo es brenzlig war. Das Vehikel unserer Fahrt glich jenem Gefährt, mit dem im Osten in Jahrhunderten der Herr Landpastor seine Dörfer besuchte, die oftmals weit verstreut hinter Hügeln und Wäldern lagen. Benzin gab es nicht mehr. Und darum auch das „Reisen“ mit dem Kutschwagen! Vorne auf dem Bock der Soldat und die beiden Marinekriegspfarrer bequem auf den hinteren Sitzen. Ein fast romantischer Aufzug beglückender Arglosigkeit - ein Bild des Friedens oder ein Ausweis von Dummheit!

Während da und dort, mehr vereinzelt als geschlossen, Artillerieduelle hörbar waren, segelten wir mit unserem Gefährt wie jenseits der Zeit und auch jenseits jeglicher Gefahr durch die Landschaft, trafen dabei auf versprengte Infanteristen, die leichter verwundet, auf die Stadt zu wanderten. Wir lasen es von ihren Gesichtern und vernahmen aus ihren Bemerkungen, wie aussichtslos die Frontlage war. „Wie sollen wir mit einer Pistole in der Hand uns gegen ratternde russische Maschinengewehre und Panzer verteidigen und die Front halten?!“

So gelangten wir in die Nähe einer deutschen Flakstellung, die tief in die Erde einbetoniert war. Gerade wurde eine Salve auf die Russen abgefeuert, und wir nahmen das hin, als wäre uns dies Schauspiel als praktisches Beispiel dessen geboten, was wir in den Kasematten dieser Stellung in Kürze würden erfahren können. Von der deutschen Stellung war nichts zerstört. Auch lag das kaschubische Dorf mit seinen schlichten Wohnhäusern noch unbeschädigt da und zur Rechten ein typischer Dorfteich, der das Regenwasser und die Abwässer aus den Hütten sammelt. Wir hätten es uns denken können, denn als Antwort der Russen fauchten deren Geschosse heran, trafen zwar nicht die Batterie, wohl aber uns, deren Wagen eben gerade am Rande des Teiches angelangt war. Unsere Rettung! Die Granate raste dicht neben uns in den morastigen Grund dieses Dorfgewässers, verwühlte sich darin und hob eine Dreckfontäne in die Höhe, scheute die Pferde und scheuchte uns aus unseren relativ bequemen

Sesseln und ließ uns nahezu unbehelligt. Der kaschubische Morast hatte uns das Leben gerettet. Wir rechneten uns aus, daß es wohl einige Minuten dauern würde, bis ein erneuter Überfall folgen würde, versteckten uns zuerst hinter einer Kate und gelangten dann in den Schutz der Kasematten der Flakstellung. Wir wurden herzlich willkommen geheißen. War für die Soldaten, die ihrer Bewährung entgegengingen, nicht jeder Besuch von Wert?! Die Nähe des Todes macht selbst den Hartgesottenen nachdenklich und offen für eine Wahrheit, die er zuvor belächelte. Die Kraft und der Mut eines Menschen enthüllen sich, wenn es lebensgefährliche Gefahren zu bestehen gilt. Und ich denke an ein junges Mädchen, das bei einem Tagesangriff der Amerikaner auf Kiel inmitten der Panik, der Ängste und des Jammers in einem unfertigen Erdbunker der Caprivistraße die Menschen beruhigte und das mit dem kurzen Satz: „Beten Sie doch, dann werden Sie ruhiger“. Es war das Notlicht an, die Bomben fielen, die Erde rieselte auf die hier Schutzsuchenden herab, die gefaßt den Angriff überlebten.

Einer nach dem anderen

Je näher die allerletzten deutschen Tage Gotenhafens kamen und die Stadt wieder ihren Namen Gdynia aufnehmen würde, entleerten sich auch die Häuser von ihren Bewohnern, und es kamen Flüchtlinge oder Soldaten und nisteten sich für die ihnen verbleibende Zeit ein. In manchen eleganten Wohnungen wurden geschlachtete Rinder und Schweine verarbeitet, denn mit dem eng gewordenen Ring drängte sich auch das Vieh in gewissen Bereichen und jeder, der wollte, bediente sich desselben. Und Landser, so nannte man den deutschen Soldaten im Volksmund, die schon einige Erfahrungen gesammelt hatten - manche waren durchaus schon fünf Jahre dabei - wußten sich zu verpflegen. Warum sollte man das wertvolle Fleisch auch den Ruskis überlassen? Man tat sich selber daran gütlich. Alle Räume einer Wohnung, ob im ersten, zweiten oder dritten Stock, wurden zum Schlachthof für die Gruppe, die, wie ich erleben mußte, offenbar in der Arbeit, ein Tier zu zerlegen und daraus wertvolle Verpflegung zu fertigen, geübt war, weil sie eine solche Maßnahme nicht zum ersten Male durchführte. Früher in allerdings längst vergangenen Zeiten etwa im Dreißigjährigen Kriege hieß es, die Truppe ernährt sich aus dem Lande, wo sie steht. Daher kommt der Satz: Friede nährt, Krieg verzehrt. Und es gehörte zur besonderen Geschicklichkeit früherer Bauern, ihr Vieh rechtzeitig, bevor die Landsknechte, oft schon zu räuberischen Horden geworden, eintrafen, in einem Wald oder Bruch zu verstecken. Die Russen gingen bei der Eroberung der deutschen Ostprovinzen hierin systematisch vor, indem sie alles Vieh abtrieben, aber dem einzelnen Bauern in der Regel eine Kuh ließen, um ihn nicht dem Hungertode preiszugeben, denn man brauchte später Arbeitskräfte. Der Tod der Leute wäre der Schaden der Okkupanten geworden.

So nah die Front gerückt war, schien es doch nicht im Sinne der Roten Armee zu sein, die Stadt über das Notwendigste hinaus zu zerstören. Es war doch ein Ort, an dem das Interesse der Westalliierten hing - der Franzosen vornehmlich. In der nahen Zukunft würde diese Stadt wieder polnisch sein, und das polnische Volk würde zum Herrschaftsbereich der UdSSR gehören. Warum sollte man darum bei der Eroberung zu rücksichtslos vorgehen? Nur die Deutschen vertreiben, das mußte ihr Ziel sein. Stalin dachte nicht daran, das wieder herauszugeben, wohin die Rote Armee ihren schweren Stiefel gesetzt hatte. Bekanntlich fielen die Westalliierten auf Versprechungen der Sowjetführung, eine demokratische Regierung dem polnischen Volke zu gewährleisten, herein. Anders ging es in den deutschen Städten zu. Mit Zündschnüren, die mit den dazugehörigen Brandbomben versehen wurden und in jedes Haus gelegt wurden, löschte man einige Tage nach dem Einmarsch der Russen den deutschen Kern der Städte aus, um ihr einstiges Antlitz in Vergessenheit geraten zu lassen. Die Brände, so systematisch angelegt, vernichteten das bauliche Herz der deutschen Städte. An die Stelle der historischen Bauten traten die seelenlosen Fassaden von Mietshäusern.

Aber wiewohl eine Art Schonung des Hafens und der Stadt von Seiten der Russen geplant war, mußte dieser Ort erobert werden, denn die deutschen Truppen hatten bekanntlich den Auftrag keinen Quadratmeter kampflos dem Feind zu überlassen. Man tat, was man konnte.

An einem Abend betrat ich einen Kellerraum in der Adolf Hitler-Straße und fand eine kleine Gruppe deutscher Soldaten vor, die sich dort in aller Ruhe unterhielten. Es waren Männer der Sturmartillerie. Ein Feldwebel war der höchste Rang. Es war nicht schwer, mit diesen Männern Kontakt aufzunehmen, denn jeder war in jenen Tagen glücklich, einen weiteren Leidensgenossen, dem das gleiche Schicksal wie ihnen drohte, bei sich zu sehen. Die Soldaten rauchten und tranken ein wenig. Die Ruhe, die das Verhalten der Anwesenden bestimmte, war, so empfand ich es sehr bald, mehr Ausdruck der Bedrückung als Entspannung. Die Tür öffnete sich. Die Meldung erfolgte und besagte, daß der Schütze gefallen sei. Der Feldwebel schaute in die Runde, machte einen der Kameraden aus, wies mit seiner erhobenen Hand auf ihn und sagte zu ihm: „Du gehst jetzt!" Dieser erhob sich und verließ wortlos den Raum. Jeder der Anwesenden begleitete ihn mit den Gedanken, was für diesen die nächsten Stunden bringen würden. Das Sturmgeschütz war östlich von Gotenhafen an der Straße nach Zoppot eingesetzt.

Immer, jetzt noch mehr als am Anfang des Krieges kam es darauf an, ein solches Geschütz, das nicht mehr fahren konnte, so günstig zu postieren, daß es möglichst lange den Vormarsch der Feinde bremste. Es konnte nicht mehr ersetzt werden. War es kampfunfähig, so war der Weg für die nachrückenden Feinde frei. Meistens waren seine Gegner heranholpernde Panzer, die mit gezielten Schüssen erledigt wurden, war doch der feste Standort dieser Abwehrkanone gegenüber den T 34-Panzern ein beachtlicher Vorteil und enthielt zugleich auch einen Zwang bis zum Letzten, bis zur Vernichtung durch den Feind zu kämpfen. Ein Ausweichen oder einen Rückzug gab es nicht. Die Schützen waren vorprogrammierte Todeskandidaten oder mußten mit schweren Verwundungen rechnen.

Einige Jahre nach dem Krieg - der ehemalige Sturmartillerist war indessen Volksschullehrer geworden, berichtete mir dieser, er hätte, gerade 20 Jahre alt, einmal 48 Stunden lang ein solches Geschütz mit andauernder Feindberührung bedienen müssen und wäre nur durch starken Kaffee und Perfitin wachgehalten worden. Jeden Augenblick dieser 48 Stunden - eben ununterbrochen in angestrengtester Aufmerksamkeit - konnte die tödliche Granate heranrauschen und sein Leben mit einem Schlag beenden! Es waren unmenschliche Einsätze und Opfer, die von den jungen Deutschen gefordert wurden. Je länger der Krieg anhielt, umso jünger wurde der Ersatz und unzulänglicher die Ausbildung für den schnell folgenden Fronteinsatz. Diese jungen Menschen taten, irregeführt durch den Geist, den sie gleichsam von Kindesbeinen an einatmen mußten, mit beachtlichem Idealismus ihre Pflicht, ohne zu wissen, welcher Rücksichtslosigkeit sie ihr Leben hingeben mußten. Sie waren erzogen, in keinem Falle an sich selber denken zu dürfen. Es ging angeblich ums Vaterland, um Treue und Ehre. Wer von ihnen dachte daran, daß das Vaterland ein Vorrecht hat, keinem Wahn eines Einzelnen preisgegeben zu werden. Der illusionäre, gottlose Wahn gebärdete sich wortreich als Realismus schlechthin im Interesse des Volkes, das angeblich zuvor von seinen demokratischen Politikern verraten worden sei.

Ich sehe selbst nach soviel Jahren, seit wir uns unten im Keller begegneten, immer noch den Feldwebel, wie er die Hand erhebt und damit einen seiner ihm vielleicht besonders lieben Kameraden in den Tod oder die Verstümmelung schicken muß! Unter dem Zwang „Wie das Gesetz es befahl!“ Der tapfere Einsatz dieser namenlos bleibenden Männer hat trotz der widrigen Umstände eines leichtfertig begonnenen Krieges im Raum der gebotenen Menschlichkeit und Hilfe für die Schwachen einen hohen menschlichen Wert. Er ermöglichte die Rettung vieler Menschen und gab ihnen im Westen die Chance, in Freiheit im oder jenseits des noch verbliebenen Vaterlandes ein neues Leben aufzubauen.

Was ist ein König, wenn er kein Vater ist?
Was ist ein Held ohne Menschenliebe? Lessing, Philotas 7

Uns ziemt es vielmehr, uns der großen Aufgabe zu weihen, die uns verblieben ist; auf daß wir von diesen ehrwürdigen Toten gezeigte Opferbereitschaft an der Sache übernehmen, für die sie hier ihr letztes, erfüllbares Maß an Opfern

hingaben; auf daß wir hier den hehren Entschluß fassen, daß diese Toten nicht umsonst gestorben sein sollen; auf daß die Nation mit Gottes Hilfe eine Wiedergeburt der Freiheit erlebe und die Herrschaft des Volkes durch das Volk und für das Volk auf dieser Erde nicht erlösche.
Abraham Lincoln bei der Einweihung des Nationalfriedhofes bei Gettysburg am 19.11.1863/am 15.4.1865 ermordet.

Jenseits der liturgischen Gewänder

Ein ehemaliger, aus Oberschlesien stammender katholischer Priester mit einem für die dortigen Bewohner typischen Namen, der nach seiner freien Entscheidung evangelischer Pastor wurde, berichtete mir einmal über die glückliche Runde, die er mit seinen Amtsbrüdern nach der Sonntagslast mit Beichte, Messehalten und anderen Diensten zu abendlicher Stunde genossen hätte. Eine Männergemeinschaft mit dem Frohsinn und Humor, die beide Früchte christlicher Glaubensgewißheit sind! Dies ganz entgegen der verbreiteten Auffassung, als müßten Priester und Pastoren sauertöpfig durch das Leben schleichen. Sie hätten ja nur mit dem Jenseits und der Sünde und dem Elend der Menschen zu tun und diese dunklen Mächte, das bohrende Drüben und der Abgrund der Menschenherzen, hielten die armen Geistlichen in den nebligen Niederungen des mit sich selbst nie zu Rande kommenden Lebens. Eine Antwort darauf mit Goethe:

Du gleichst dem Geist, den du begreifst, nicht mir.

Christlicher Glaube ist stets Abstand des Menschen von sich selbst und von der ihn einkesselnden Zeit. Die Gottesbeziehung ist die Freiheit der Seele. Das ist noch mehr als die Freiheit des Herzens und des Körpers. Wir rühren hier an das Geheimnis aller Märtyrer, deren Kraft und Bewährung. Vor Gott ein bewußtes, tiefdimensionales Ich zu werden und zugleich mit und in ihm von der egozentrischen Enge freigehoben zu werden, gehört mit zu den schönsten Gaben christlicher Lebensgewißheit und führt eben geraden Wegs zu Frohsinn und Humor. Wenn heute diese Kraft evangelische Pastoren seltener als früher trägt und zu Trägern des Frohsinns macht und diese statt dessen mit einer politisierenden Gesetzlichkeit auftreten und Düsternis statt Freude verbreiten, so liegt es daran, daß sie nicht mehr in der Spannung zwischen Zeit und Ewigkeit leben, sondern rein diesseitig geworden sind und selbst erfahren, wie wahr das Wort des Apostels Paulus ist: „Hoffen wir allein in diesem Leben auf Christus, so sind wir die elendsten unter allen Menschen." Frohsinn und Humor wärmten früher auch die Zusammenkünfte der evangelischen Pastoren an.

Wir hatten den Frontbesuch hinter uns. Wir hatten Gott zu danken. Wäre die Granate nur fünf Meter weiter geflogen und dann explodiert, wir wären eines unrühmlichen „Heldentodes“ gestorben. Aber unsere Stunde war noch nicht gekommen. So saßen wir denn am Abend im großen Wohnzimmer des ehemals polnischen katholischen Pfarrhauses in der Einigkeit des Geschicks, der Offenheit für einander und pastoralen Grundstimmung beisammen und freuten uns, ein paar Stunden miteinander verleben zu können. Die Russen waren noch nicht so nahe am eigentlichen Kern der Stadt, daß sie uns mit einer Granate allesamt ins Jenseits befördern konnten. Die evangelischen Pastoren waren die Berichterstatter, denn sie hatten den Frontbesuch gewagt und die katholischen Kollegen in diesem Falle das Auditorium. Zu einem Gespräch solch entspannender Art gehörte der Rotspon und wenn möglich auch ein Imbiß, der uns allen guttat. Unsere Gesichter waren in jener Zeit beredte Zeugen von Schmalhans-Küchenmeister, unter dessen Wirken wir wie Dauerfaster aussahen.

Aber nun war die bessarabische Gemeinde erschienen und hatte bei uns alle Schätze bäuerlicher Autarkie abgeladen und uns damit instandgesetzt, als Gastgeber so großzügig aufzutreten, wie wir es gerade wollten. Die Menge und Qualität der Lebensmittel übertraf unsere Vorstellungen von dem, was man zur täglichen Atzung benötigt. Es waren immerhin über vier Jahre vergangen, in denen es Lebensmittel nur auf Karten gab. Was dies bedeutete, liegt jenseits der Vorstellungskraft eines Deutschen von heute. Zu dem Rotwein gab es Knäckebrot, Schmalz und Schinken. Wie wir zu dieser Art von Brot kamen, war nicht näher zu erfragen. Jedoch, es muß sehr alt gewesen sein. Das Licht war gedämpft. Dabei konnte man nicht genau sehen, was man aß und trank. Aber einen Augenblick schaute ich sehr bewußt auf das Stück Knäckebrot und mußte dabei zu meinem Entsetzen feststellen, daß sich die Maden vor mir auf und in dem Brote eingefunden hatten und sich bei jedem Zubiß verzweifelt krümmten. Ein Ekel befiel mich. Aber es war zu spät, all das wieder aus mir herausholen zu wollen, was in meinem Magen gelandet war. Wieviel gebotener wäre es gewesen, unsere Gäste und uns selbst bei wenig Mühe mit Pfannkuchen zu beglücken, wofür Schmalz und Mehl in Hülle und Fülle zur Verfügung stand. Der Appetit war mir gründlich verdorben, und es wäre nicht weiter erinnernswert, wenn ich nicht in der gleichen Nacht von einer Kolik befallen worden wäre, die mich unter schrecklichen Leibschmerzen von einer Ohnmacht in die andere fallen ließ und ich mich in solchen Qualen auf dem kalten Fliesenboden des Badezimmers hin und herwälzte, als müßte ich nach der letzten Ohnmacht meinen Geist aufgeben. Aber meine Stunde war noch nicht gekommen, in einem Zimmer an den Folgen verdorbener Lebensmittel und der schweren Qualität der Gesunden verenden zu müssen. Die Entladung durch alle Öffnungen des menschlichen Körpers kam noch rechtzeitig. „Jeder Schmerz entläßt dich reicher“, dieses Dichterwort begleitet mich seitdem; es lehrt mich, nicht allein das Maß, sondern stets und überall auch die Reinheit der Genußware zu beachten. Und dies auch im Frieden! Cornelius Nepos, der römische Dichter im ersten vorchristlichen Jahrhundert, macht einmal die sinnige Bemerkung: „Eines Vorsichtigen Mutter braucht nicht zu weinen."

Weit mehr als grausam

Es bleibt nicht aus, daß die Schilderung der letzten Tage von Gotenhafen viel mehr dunkle Züge aufweisen muß als lichte. Es handelt sich um das Geschehen an Land! Aber die Hilfe, die die Marine den abertausend Hilflosen leisten konnte, übersteigt all das, was in den Häusern und Familien und in sehr verlassenen Menschenherzen erlitten wurde. Und je aussichtsloser und bedränglicher die Lage der deutschen Menschen vor der Eroberung war, um so heller ist das Glück der Unzähligen, die gerettet werden konnten. Irgendwie einmalig ist die Lage! Die Kriegsmarine wird eine christliche, weil sie ihren Einsatz allein auf die Rettung des Lebens und dessen Schutz bei der Überfahrt ausrichtet. Es geht nach Westen! Zwar kommen die Deutschen nach Dänemark in ein mit dem Vaterland verfeindetes Volk, aber das Vertrauen war groß, daß dieses Volk nicht daran denken würde, an Kindern, Frauen, Alten und Verwundeten Rache zu nehmen. Seele und Herz dieses Volkes waren in Jahrhunderten vom Geist der Bibel erzogen und nicht im kalten Bad des Bolschewismus und dessen Unmenschlichkeit - ich spreche hier nicht vom russischen Menschen - geformt worden. Fanatismus war auch niemals ein bestimmender Charakterzug dieses nordischen Volkes. Es gibt in der deutschen Sprache zwei Worte, die inhaltlich nicht leicht voneinander zu unterscheiden sind. Das eine heißt brutal, das andere grausam.

Brutal verrät im Klang seiner zwei Silben leichthin seine lateinische Herkunft. Da es ein Ausdruck menschlichen Verhaltens ist, müßte es nicht lateinisch, sondern römisch heißen. Brutal nennt man einen schwerfälligen, gefühllosen, rohen Menschen; grausam, ein in seiner Herkunft deutscher Ausdruck, will soviel sagen wie schreckenerregend, den Menschen schaudern lassen. Man kann die beiden Worte in einem Satz zusammenziehen: Der Brutale kann grausam sein. Zu dem Wort Schaudern sei eine Zwischenbemerkung erlaubt. Bekanntlich heißt es bei Goethe: Das Schaudern ist der Menschheit bestes Teil. - Hier bedeutet das Schaudern das heilsame Erschrecken des Menschen vor dem unergründlichen Geheimnis des Daseins, das dem Menschen eine ihn andauernd befragende Barriere setzt, an der er sich zu läutern hat. Diese Grenze muß er sich stets bewahren, weil er sich sonst an sich selbst, seine Triebe, Mächtigkeiten und Illusionen verliert, die ihn ins Nichts und in den Abgrund ziehen. Wer das

Schaudern einbüßt, wird ein Dämon, der sich alle Türen zu verbrecherischen Scheußlichkeiten offenhält. Die biblische Erkenntnis kennt den Satz: die Furcht Gottes ist aller Weisheit Anfang. Von einem grausamen Verbrechen habe ich zu berichten. Ich war einige Tage nach Westen unterwegs. Mein Bereich als evangelischer Pfarrer Gotenhafen-West reichte bis zu der kleinen Hafenstadt Stolpmünde, der wie der Name schon sagt, an der Mündung der Stolpe liegt und heute Ustka heißt. Dieser Ort war in den vergangenen Jahrhunderten der Kontaktpunkt zu dem Handel an den Küsten des Baltischen Meeres, wenn Getreide, Bernsteinerzeugnisse, Fische und andere Produkte exportiert wurden. Im 19. Jahrhundert war ein Hafenbecken mit einer West- und einer Ostmole aus Feldsteinen errichtet worden, so daß der Handel mit Schiffen bis zu 3000 t abgewickelt werden konnte. Diese Vergrößerung des Umschlagplatzes entsprach der allgemeinen Produktionssteigerung in Landwirtschaft und Industrie und gewann nach der Errichtung des unglückseligen Korridors noch mehr an Bedeutung. Zudem war dieses Seebad damals in den Jahren von 1918 bis 1939 in der zwanzigjährigen Friedensperiode der ideale Erholungsplatz für die Stolper Bevölkerung, wie man sich diesen nicht idealer vorstellen kann. In der NS-Zeit wurde Stolpmünde für tausende Flakartilleristen ein Begriff, da unweit von ihm ein großer Schießplatz für diese Waffengattung errichtet worden war. Mein Besuch dieses Ortes hinterließ in meinem Herzen Traurigkeit! Ich dachte an die vergangene Zeit und an all die harmlos-billigen Freuden, die der einmalig weiße Strand den Besuchern an der blauen Ostsee schenkte. Ich ging in dieser Stimmung an dem Hafen entlang und begegnete einem Kapitänleutnant, der auf einem im Hafen liegenden dänischen kleinen Kreuzer Dienst tat. Dieser machte eine in meinen Ohren seltsam klingende Bemerkung, etwa derart: „Der Krieg geht verloren. Es ist aus mit der Hoffnung, in unserem Land mit dem Nationalsozialismus endlich eine bessere soziale Gerechtigkeit zu erreichen." Jetzt, so meinte er, würde es wieder wie früher weitergehen, daß der Reiche noch reicher, der Arme noch ärmer würde. Das war also seine Hauptsorge in einer Phase des Krieges, in der man um den Bestand des Volkes, nicht aber um größere soziale Gerechtigkeit bemüht sein mußte. Eine solche Ansicht hatte ich während des ganzen Krieges nirgendwo gehört. Als ich ihm eine begründete Bitte vortrug, lehnte er schon den Gedanken, sich mit dieser zu befassen, entschieden ab. In der Regel war es unter Marineleuten üblich, auf den anderen zu hören und das Mögliche auch zu tun, um dem anderen zu helfen.

Nach diesen Erlebnissen kehrte ich nach Gotenhafen zurück, das in jenen Wochen noch nicht unmittelbar bedroht war. Ich wohnte damals auch noch in der Wohnung, die mir am 12. Dezember 1944 nach meiner Ankunft aus Kiel zugewiesen worden war. Hier traf ich als Zweitbewohner einen schneidig wirkenden Marineleutnant, den ich als Sohn eines bekannten Stolper Kunstlehrers erkannte. In Sprache und Umgangsform wies er sich so aus, als wolle er der

Marine und deren Ruf alle Ehre machen. Dazu gehörte eine gewisse, auffällige Distanz. Diese war wiederum eine Verbindung von Exklusivität und Pflicht, so daß dabei der Anschein einer Arroganz gegenüber einem schlichteren Menschen erweckt wurde. Dahinter standen in Wirklichkeit die prägenden Kräfte des preußischen Lebensstiles, um des Dienens willen mehr sein zu müssen, ohne mehr vorzustellen. Diese Verhaltenheit im Auftreten war zugleich unterbaut von dem Standesbewußtsein des Adligen oder des Akademikers, der sich durch das Abitur Humboldtscher Erfordernisse und das demgegenüber oft leichtere Universitätsstudium ausgewiesen hatte. Der Stand verpflichtete zu Sauberkeit im Äußeren und Inneren und war nicht ohne den Ausweis der Ritterlichkeit zu denken. Es gehörte darüber hinaus - von Ausnahmen abgesehen - zum Erscheinungsbild eines Marineoffiziers, jede Angeberei zu meiden, denn im Einsatz eines U-Bootes, Zerstörers, Kreuzers oder welche Einheit es auch war, kam es auf jeden Mann und dessen gehorsamen Einsatz an. Große Worte halfen nichts, mußten doch alle für einen und einer für alle ihr Letztes hergeben. Der Offizier war auf jeden Mann angewiesen wie dieser auf seinen Vorgesetzten. Der Marineoffizier wirkte, wo er auch auftrat, bescheiden und vornehm und wurde deshalb im Volke geachtet. Niemand traute ihm zu, daß er leichtfertig sich den nationalsozialistischen Parolen öffnete, und deshalb sprach man im Volksmund von der kaiserlichen Marine.

So erschien mir dieser Reserveleutnant und entsprach meinen bisherigen Erfahrungen, die ich seit 1941 gemacht hatte. Umso bitterer ist die von ihm nicht verschuldete, aber mit ihm verknüpfte Erinnerung an ein Geschehen, das mich heute noch erschüttert, wenn ich mir die damalige Szene vergegenwärtige.

Man wurde kommandiert. Man nahm seinen Koffer und begab sich zu seinem neuen Kommando. So war auch dieser Offizier unterwegs und durfte in der gleichen Wohnung wie ich - diese war groß genug - seine kurzfristige Bleibe finden. Er ging zum Dienst und ließ einen mittelgroßen Handkoffer in der Wohnung zurück. Als er in seine Behausung zurückkehrte, fand er den Koffer nicht mehr vor und da das Notwendigste des Notwendigen darin enthalten war, erstattete er Meldung. Man forschte nach, wer vorübergehend sich in der Wohnung aufgehalten hatte und fand eine ostpreußische Familie, die mit Großeltern, den Eltern zweier Kinder und einer hochschwangeren Schwägerin auf ihre Abreise warteten und danach mitsamt dem Koffer in einer Etagenwohnung in der Adolf-Hitler-Straße untergekommen war. Es dauerte nicht einen Tag und das Ehepaar mit der Schwägerin wurden in das Rathaus und vor den Braunen Oberbürgermeister gebracht, verhört und verurteilt, wobei von einem Gerichtsurteil nicht gesprochen werden konnte.

Ich hatte von diesen Vorgängen keine Kenntnis, als ich mich am nächsten Morgen in die Adolf-Hitler-Straße begab und mich der Kirche und dem Scharnhorstplatz näherte. Aus dem Bürgermeisteramt kamen einige ältere Infanteristen (in Paris nannte man diesen Typ des reaktivierten deutschen Soldaten älterer, nicht mehr fronttauglicher Jahrgänge grand-père uniformé) mit aufgepflanztem Seitengewehr und den drei jüngeren Ostpreußen in ihrer Mitte, die Eltern der, wie ich später erfuhr, unmündigen Kinder, der Vater war gehbehindert, und eine jüngere schwangere Frau. Sie begleiteten diese drei Menschen bis zur Ostseite des Scharnhorstplatzes. Dort hatten die Soldaten offenbar den Auftrag, die der Plünderung überführten Opfer zu erschießen. Es blieb nicht aus, daß die Menschen von ferne diesem eigenartigen Zug folgten und Zeugen eines gräßlichen Massakers an eigenen Landsleuten wurden. Die junge Frau, deren Mann offenbar irgendwo im Felde stand, schrie herzzerreißend: „Aber laßt mich doch leben, ich bin doch schwanger." Man hörte nicht auf das Bitten und Schreien. Alles lief so schnell und formlos ab. Die Salve krachte, die Menschen fielen zu Boden und wäzten sich, nur von einer Kugel getroffen, am Boden! Ein schauerlicher Anblick, der den Zeugen das Herz aus dem Leibe riß. So starben drei deutsche Menschen nur deshalb, weil sie einen Koffer ohne besonders wertvollen Inhalt hatten mitgehen lassen. War es Diebstahl oder meinten sie, in dieser verlassenen Wohnung hätte ein Mann diesen Koffer stehen lassen, und bevor er in die Hände der Polen fallen würde, nahmen sie ihn lieber mit. Wer hat ihn angefaßt und getragen? Wer war der eigentliche Schuldige? Wie es auch immer vor sich gegangen war - eine Plünderung war es auf jeden Fall nicht. Aber gerade dieses Delikt wurde ihnen vorgeworfen. Und gesetzt den Fall, es wäre tatsächlich so etwas wie eine Plünderung gewesen - wenn man auch in der Regel etwas anderes darunter versteht, warum mußten die Eltern der unmündigen Kinder und vor allem die junge schwangere Frau auf so grausame Weise umgebracht werden?! Ein Militärgerichtsverfahren bestand aus zehn Schützen für einen Mann, wobei keiner der Befohlenen wußte, ob sein Gewehr scharf geladen war oder nur eine kugellose Übungspatrone hatte! Eine Maßnahme der Barmherzigkeit, denn würde je ein deutscher Soldat seines Lebens noch froh werden können, wenn er mit Bestimmtheit wüßte, daß er Kameraden getötet hat!

Die Empörung lief durch die ganze Stadt, durch alle Büros und Schreibstuben, durch alle niederen und höheren Kommandostellen. Im Marinekommando verwies man darauf, daß es ein Leichtes gewesen wäre, ein ordentliches Schnellgericht zusammenzuholen. Hier wollte der braune Oberbürgermeister ein Exemplum statuieren, um ein für alle Mal Plünderungen auszuschließen und die Ordnung aufrechtzuerhalten, als würde nicht in wenigen Wochen das Spiel aus sein und die Tragödie auch ohne diese sinnlose Mordaktion ihr Ende nehmen.

Wäre es den militärischen Stellen möglich gewesen, hier einzugreifen? Wer diese Frage stellt, muß sie sofort verneinen. Es hätte die Verhaftung des Oberbürgermeisters bedeutet. Das wäre aber wiederum als revolutionärer Akt verurteilt worden, und die Lage wäre auf diese Weise nur für die angreifende russische Armee von Vorteil gewesen. Das Geschehen blieb, und die Verachtung der braunen Diktatoren und rücksichtslosen Ordnungswahrer stieg. Doch jeder kommende Tag war mit dem Kampf erfüllt, Leben zu retten. Für die Zeugen ist die Erinnerung an den Platz, der den Namen des hochverdienten preußischen Generals Scharnhorst trug, zugleich eine Besudelung einer Tradition, in der solche Unmenschlichkeit die Ehre des Staates und des Volkes geschändet hatte.

Aber es gehört zu einer uralten menschlichen Erfahrung, daß sich die Brutalität und Grausamkeit in dem Maße steigern, wie der Machthabende vor dem Abgrund steht, den er selbst hochmütig, in angeblich gesicherten Machtpositionen sich befindend, aufgerissen hat. Der Starke mag noch einmal, bevor sein Ende kommt, alles aufbieten, was seine verzweifelte Lage wenden könnte, der Schwache schlägt um sich, als müßte er an dem schwächsten und ärmsten Glied seine ihm abhanden gekommene Autorität beweisen. Die Frage nach der Angemessenheit der Strafe für ein Vergehen ist in solchen Fällen nicht mehr aktuell. Von innen weitet sich der Zerfall aus, und bald wird auch die noch vorhandene, äußere Schale zerbrochen.

Es war geschehen. Ich besuchte die Großeltern der Kinder. Ich konnte und durfte sie nicht belügen. Die grausame Tat des Bürgermeisters war sowieso nicht zu verheimlichen. Und mitten in den Strom der Tränen und der Verzweiflungsschreie ließ ich nach einem Gebet den Großeltern ihre Aufgabe deutlich werden, nun für die Kinder das zu sein, was die toten Eltern nicht mehr sein konnten - Vater und Mutter, Heimat und Schutz auf der Wanderung in die Ungewißheit ihrer Zukunft - aber mit der Gewißheit, daß größer als der Helfer die Not nicht ist, wenn man sich ihm nur anvertraut. Danach sah ich diese kleine verwaiste Familie nicht mehr.

> *Jeder Tag der Geschichte ist ein Gerichtstag: an einem jeden geschehen Tat und Schuld; ein jeder fordert Entscheidungen. Der Mensch ist in die Geschichte hineingeboren, deren eigentlicher Inhalt nicht der Aufgang und der Untergang der Staaten ist, sondern der Aufgang des Reiches Gottes und das Gericht an den Feinden dieses Reiches. Darum ist die Seele des Menschen in einem höheren Sinne Schauplatz der Geschichte, als es die Schlachtfelder sind...*
>
> Reinhold Schneider: Das Schweigen

Als die Stunde nahte...

Wer nur von Gefahren aus der Literatur weiß, nicht aber selbst in deren bedrohlichem Bannkreis sich hat bewähren und durchhalten müssen, läßt sich wohl gern mit dem Hölderlinschen Wort einfangen: *„Wo aber Gefahr ist, wächst das Rettende auch!"*

Wir konnten uns nicht darauf verlassen, daß dies auf uns in der letzten Phase unseres Aufenthaltes und Dienstes in dieser Stadt zutreffen würde. Es war, wie sollte es anders sein, alles offen. Der ältere Amtsbruder und ich waren darin

einig, den Weg aus der Mitte der Stadt gemeinsam anzutreten. Wir hatten ein Recht dazu, war doch der Admiral schon länger als eine Woche drüben auf der Insel Hela.

Aus der Urgeschichte der ersten Kapitel der Bibel ist der Bericht vom Untergang der Doppelstadt Sodom und Gomorrha bekannt. Das Schicksal, das die Menschen in grauer Vorzeit erleiden mußten, ist zu einem Grundbild des Untergangs menschlicher Siedlungen in der Geschichte geworden. In biblischer Sicht folgt der massiven Gottlosigkeit der Untergang! Dabei gilt das russische Sprichwort: „Gott sieht alles, aber er handelt später." Eine ähnliche Weisheit enthält die deutsche Aussage: „Hochmut kommt (zeitlich) vor dem Fall." Sodom und Gomorrha wurden von unten aufgebrochen und versanken in der Tiefe unter Schwefel, Dampf und Feuer. In der Moderne bereiten sich die Menschen ihr Sodom und Gomorrha selber. Sie sündigen auf eigene Kosten und vernichten sich so. Die technischen Mittel, die sie erfinden, tragen zur Erleichterung des Lebens, aber auch zur behenderen Selbstvernichtung bei. Die Kriege, die der Mensch sich aufbürdet, sind sein Werk und eine Absage an die Ehre Gottes. Er kann niemand anders als sich selbst die Schuld geben. Gotenhafen ging nicht darum unter, weil die Menschen vor anderen besonders gottlos waren. Es gehörte in die lange Reihe verwüsteter Wohnplätze, die der zweite Weltkrieg als Dokumente menschlicher Unfähigkeit, Frieden zu halten und vorher zu begründen, hinterläßt. Der große Philosoph aus Königsberg nannte den Frieden „das Meisterwerk menschlicher Vernunft", in die er mit besonderem Bedacht die

Bändigung der emotionalen Kräfte, der Begierden und bewußten Teufeleien aufnahm. Er meinte demnach eine sittlich gebändigte Vernunft. Mit vollem Recht ernüchtert Goethe in seiner berühmten Charakteristik der menschlichen Vernunft jeden Vernunftgläubigen: „Ein wenig besser würd' er (der Mensch) leben, hätt'st du ihm nicht den Schein des Himmelslichts gegeben. Er nennt's Vernunft und braucht's allein, um tierischer als jedes Tier zu sein." Schon Luther nannte die menschliche Vernunft treffend eine Hure des Willens. Daß wir die letzte Nacht, die wir in dem Pfarrhaus verbrachten, schlaflos durchstanden, ist mehr als wahrscheinlich. Zu nahe war das Bombardement. Als wir uns am Morgen die Kirche ansahen, hatte diese an der Ostseite des Turmes ein riesiges Loch. Es war verwunderlich, daß bei der Detonation nicht der ganze Turm, der relativ niedrig war, zusammengestürzt war. Diese klaffende Wunde, die eine von Osten kommende Granate dem Gotteshaus zugefügt hatte, war das Zeichen für unseren Aufbruch. Am Abend zuvor hatten wir in das Haus einen Gast aufgenommen, der schwer erkrankt war. Am Morgen waren wir von der Fürsorge für ihn befreit. Er war nicht mehr unter den Lebenden. Wir gruben zwischen der Kirche und dem Pfarrhaus ein Grab und gaben ihm, der zur Gemeinde der Baltendeutschen gehörte, seine letzte Ruhestätte. Dieser war auch einer der Fernen in einer fremden Stadt. Der Kampflärm verstärkte sich. Die russische Artillerie schien schon am Bahnhof zu stehen und feuerte Streusalven in die Hafengegend, verursachte dabei den Brand des großen Verpflegungslagers, wonach die erhitzte Butter und die Schmalzbestände als gelber Bach das Gebäude verließen. Die Sonne beschien das Weichbild der Stadt, die von Staub- und bläulichen Explosionswolken überdeckt wurde. So nahe die Entfernung zur russischen Front auch war, wir hatten nicht den Eindruck, daß der Feind schnell und um jeden Preis die Stadt einnehmen wollte. Offenbar hatte er festgestellt, daß die Ausquartierung aus den Hafenbecken aufgehört hatte oder nur noch vereinzelt erfolgte. Die Luftangriffe erfolgten nicht massiv, sondern eher vereinzelt. War ein russisches Flugzeug abgeschossen worden und segelte der Pilot zur Erde nieder, wurde er nur tot aufgefunden. Wer sollte hier noch russische Gefangene machen, da doch jeder an seine Verteidigung, Flucht oder Rückzug denken mußte.

Mein älterer Amtsbruder hatte noch die skurrile Idee, sein Fahrrad mit auf den Weg zu nehmen. Es gelang mir, ihn von dieser Last zu befreien. Wir mußten glücklich sein, wenn wir in dem zunehmenden Chaos unser eigenes Leben ohne Habe retteten! Wir traten auf die Adolf-Hitler-Straße hinaus, gingen an die Südseite der sechsstöckigen Häuserreihe, um gegen russische Granateinschläge sicher zu sein. Die Gebäude waren sehr massiv gebaut und boten daher einen unverfänglichen Schutz. Dennoch war die Straße selbst das Bild der zunehmenden Zerstörung - mit allerlei zertrümmerten Fahrzeugen und anderen Gegenständen. Etwa zweihundert Meter von dem Kirchplatz entfernt, wo die Straße an beiden Seiten bebaut war und daher sehr viel Schutz bot, humpelte ein verwundetes Pferd, ein schwerer Belgier, in seinen Schmerzen mit seinen Hufen auf und ab. Ein SS-Offizier trat aus der Haustür und machte durch einen gezielten Pistolenschuß der Qual ein Ende. Arme, unwissende Kreatur in der Hand der Menschen. Mensch und Tier, Häuser und Gegenstände und alles, was da kreucht und fleucht, ja eben selbst die Vögel werden in den feurigen Pfuhl der Eroberung einer Stadt geworfen. Das Geknatter der Maschinengewehre und das dumpfe, kurze Feuer der Panzer und die Detonationen der Fliegerbomben - irgendwo und irgendwohin bildet sich die Vernichtung aus, in deren Voranschreiten hüben und drüben Menschen, ob Zivilisten, Kinder, Frauen und Greise oder Soldaten, verwundet oder getötet werden. Wer nicht als Verwundeter von einem Kameraden geborgen und in Sicherheit gebracht wird, wird von einem Rotarmisten den Gnadenschuß empfangen. Hier ist nichts Ritterliches mehr. Der lange Krieg hat die Herztöne der Soldaten auf beiden Seiten erlöschen lassen. Es ist die Zeit, in der sich auf marxistischer und nationalsozialistischer Seite die kriegerische Auseinandersetzung zu einer mit Waffen ausgetragenen Haßorgie verwandelt hat, der jeder Soldat folgen muß, wenn er nicht von seiner eigenen Partei Nachteile oder sogar den Tod haben will. Man denke nur an Alexander Solschenizyns Leidensweg. Er hatte sich nicht mit den Morden und Vergewaltigungen der Rotarmisten an der unschuldigen und unmündigen deutschen Bevölkerung in Ostpreußen abfinden können. Aus seiner christlich-humanen Herzecke blühte aus ihm das Feuer leidvoller Empörung auf. Er war in jenen Stunden und Wochen als russischer Artillerie-Hauptmann eben Russe und Mensch geblieben, und damit trennte ihn ein Graben von dem Grauen, dessen die Rote Armee - dazu noch auf Befehl - fähig war. Und hinter Solschenizyn versammelten sich die Briefe von jüngeren und älteren Soldaten, die an ihre Frauen und Mütter berichteten, wessen die Kameraden fähig waren. Dies alles waren Beichten der besseren Seele des alten und großen Mütterchens Rußland. Wie wechselvoll waren die Schicksale zwischen Deutschland und Rußland, nach dem sich dieses unter seinem Zaren Peter I. zum Westen hin geöffnet hatte. Nur ein wenig mehr als hundert Jahre zuvor hatten Rußlands Söhne unter ihrem Zaren Alexander I. mit den Preußen und Österreichern zusammen die Völkerschlacht bei Leipzig gegen den damaligen Usurpator Napoleon geschlagen und ihn zur Flucht nach Frankreich gezwungen. Und jetzt? ... drückte die mit westlichen, demokratischen Truppen verbündete Rote Armee die Reste der deutschen Wehrkraft, die in der Hand eines Hasardeurs war, zusammen. Wandel der Geschicke? Torheiten trotz der Warnungen des Fürsten Bismarck, sich mit Rußland stets gut zu stellen? Gottloser Leichtsinn? Vertrauen auf einen Stern der Vorsehung, der alle Verbrechen und jeden Wahnsinn unbeleuchtet lassen sollte. Vorsehung - eine Art geistliches Wort, das sich aus dem Gottvertrauen und dem Gehorsam des Menschen rechtfertigt und dann völlig entwürdigt und mißbraucht wird, wenn es Satanien, systematische Morde und menschlichen Hochmut berechtigen soll.

In einer solchen Situation waren alle Deutschen in den letzten Stunden, da diese Stadt noch Gotenhafen hieß. Schnell bröckelten die Buchstaben ab, zerfielen dann und verschwanden, und es schob sich wieder ihr erster und eigentlicher Name an die Stelle, wo er zuvor gleichsam nach der Geburtsstunde gestanden hatte. Aber noch gab es Bereiche, die von den zurückweichenden deutschen Truppen in hinhaltendem Widerstand gehalten wurden. Aus diesem kamen all die Menschen, ein bunt sich zusammenrottender Haufen, woher, unbekannt und wohin - nur mit einem Ziel - zum Hafenbecken 10 und dann hinüber zur Oxhöfter Kämpe. Zeit und Platz gewinnen, wo der Feind noch abgewehrt wird. Vielleicht gibt es doch noch eine Chance, nach Hela zu gelangen und dann mit dem Schiff in letzter Stunde nach Westen abzudampfen.

Wir waren soweit im Schutz der Häuser gekommen, daß das Verladegebiet des Güterhafens vor uns lag. Schienenstränge, elektrische Masten, Weichen, Eisenbahnwaggons in jenem Beieinander, das keinerlei Ordnung erkennen läßt. Näher hinzuschauen und sich in unnütze Betrachtungen zu verlieren, hatten wir wahrlich keine Zeit, denn aus irgendeiner Ecke erschien plötzlich ein Pferdefuhrwerk, das mit Menschen übervoll beladen war. Dies schien unsere Rettung zu sein. Es war nämlich vor uns eine Betonbrücke, die über einige Schienenstränge führte, um den Verkehr zwischen der Wohngegend und den westlichen Hafenbecken, vornehmlich dem zehnten, zu erleichtern. Dramatisch wurde der Versuch, die Brücke in eiliger Fahrt zu nehmen, weil die russische Artillerie sich just in diesen Minuten auf diesen Fluchtweg einschoß. Gerade war eine Salve jenseits des Zieles niedergegangen, als wir den Wagen ansprangen, um mit ihm auf die andere Seite zu gelangen. Es dauerte immerhin ein paar Minuten, bevor die Rotarmisten die Kanonen geladen und zum Feuern bereit waren. Diese Pause galt es zu nützen. Die Pferde mußten über die vereiste Straße ihr Letztes hergeben, um in höchstmöglicher Eile das „Jenseits" zu erreichen, um nicht ins wirkliche Jenseits befördert zu werden. Und es gelang, sich eiligst vom Umfeld der Brücke zu entfernen. Wir rechneten nicht damit, daß die russische Batterie ein Zielschießen auf uns veranstalten würde. Diese Szene entbehrte nicht der Komik, wie denn diese Menschentraube sich mit der letzten Kraft der Pferde über den Bogen der Brücke schwang. Niemand sagte ein Wort. Keiner war bereit, wiewohl der Wagen überbesetzt war, uns wegzustoßen. Der Gedanke sich zu retten, ließ alles andere vergessen. Man wagte es gemeinsam und war froh, auch gemeinsam durch diesen zeitlichen Engpaß ohne Tod oder Verwundung hindurchgekommen zu sein.

Lange Zeit nach dem Krieg, die manches Erinnernswerte ins Vergessen absinken ließ, fiel mir ein Vorgang ein, der sich im Frühjahr 1942 vor Leningrad abspielte. Eine Batterie mit Eisenbahngeschützen wurde in den westlichen Vorstädten von Leningrad Snomenka und Strelna von Marine-Artilleristen bedient. Man stellte fest, daß gerade an der Ostseite der Kronstädter Bucht ein Zug aus Leningrad sein westlich gelegenes Ziel anfuhr. Daraufhin unternahm die Batterie ein Übungsschießen. Gewiß sollte diese erste Salve den Personenzug treffen, aber sie verfehlte ihr Ziel. Deutlich erkennbar lagen die Einschläge jenseits der Strecke. Wie sollte man auch so genau die Entfernung messen können. Die Artillerie muß sich allemal „einschießen". Die russische Batterie am Bahnhof von Gotenhafen nahm teil an der Eroberung und war nicht in der relativen Ruhe einer Armee, die wie die deutsche vor Leningrad nur den Einschließungsring zu halten hatte, um auf die Kapitulation zu warten. Die russischen Eroberer wollten nicht so sehr die Stadt in Besitz nehmen, sondern möglichst viele Menschen deutscher Herkunft einfangen, um diese als beklagenswerte Opfer für sich gebrauchen zu können. Beute machen - Gegenstände, Uhren und Schmuck und tausend andere Dinge, die es in Rußland kaum gab, und vor allem Menschen - das war das Nahziel des Kampfes! Man hat, indem man die Vorgänge bei der Okkupation Ostdeutschlands durch die Rote Armee so hingenommen hat, vergessen, daß die Eroberer in den Monaten nach Kriegsende alles, was ihnen wichtig und wert erschien, abtransportierten, wenn dann auch danach teure Industriegüter irgendwo in der Weite des Landes an den Bahngeleisen abgeladen, verrosteten und damit unbrauchbar wurden. Bei der Verwendung und dem Verbleiben des vielseitigen Beutegutes konnte ein deutscher Kriegsgefangener, der nach 1945 in einer Moskauer Straße zu tun hatte, sich nicht wenig wundern, dort auf einen Stolper Bus zu treffen, der der Firma Helene Bottke vormals gehörte und nun in der Hauptstadt des östlichen Feindes seinen Reparationsdienst tat. Man verteilte unter den Artilleristen nicht nur das Land, Handelsschiffe und Kriegsschiffe und die restlichen Industrie-Ausrüstungen, sondern auch alles andere, was gebrauchsnützlich war. Deutschland sollte bekanntlich nur noch ein Agrarland sein, in dem sich die einstigen Eroberer an Ochsen, Schafen, Pferden und Kühen und an der bitteren Armut der nachgebliebenen deutschen Menschen weiden wollten.

Das Hafenbecken 10 aus dem, wie berichtet, die „Gustloff" zu ihrer Todesfahrt ausgelaufen war, überquerten wir in einem Boot, das in der Sicht eines russischen Fliegers einer Nußschale glich und deshalb auch unbehelligt blieb. Indessen dauerte es nur noch wenige Stunden, und aus Gotenhafen war wieder Gdynia geworden. Wir freuten uns, den Quartierstab des Admirals unter der Führung eines Fregatten-Kapitäns (Oberstleutnant), dem wir zugeteilt waren, zu finden; damit waren wir nicht mehr allein! Wir gehörten zu der Gruppe, die den Befehl hatte, nach Hela überzusetzen.

Doch, wie geplant, klappte es nicht. Wir mußten zu dem Haus, wo wir uns gefunden hatten, wieder zurück, um den Abend abzuwarten. Aber unser Haus war in der Turbulenz der Auflösung von einem Divisionsstab besetzt. Die Herren eilten geschäftig hin und her, führten mit übergeordneten Kommandostellen Gespräche und hatten auch nichts anderes zu tun, als sich aufzulösen und davon zu machen. So verschwanden wie im Stundentempo die Divisionen und die Divisionäre. Dieser Vorgang war für den wachen Beobachter interessant, meinte doch der

Uneingeweihte, daß man an der Infanteriefront bis hinauf zum Generalstabsoffizier bis zur Verwundung oder Tod zu kämpfen hätte. Hier bot sich ein anderes Bild, das nach dem französischen - „Sauve qui peut" (rette sich, wer kann) aussah. Zudem fielen uns Marinestäblern die hübschen Damen auf, die die Herren Offiziere offenbar nicht allein dienstlich zu versorgen hatten. Ein langer Krieg mit vielfältigen, menschlichen Entbehrungen rückt seine Wirklichkeit in die Nähe des Landsknechtstums des Dreißigjährigen Krieges - , nur daß in der Moderne alles kurzfristiger und hektischer und ordnungsgebundener abläuft. Wer wollte nicht für manche kriegsbedingte Ungewöhnlichkeit der Soldaten Verständnis haben, die von der Wolga bis in das Herz des eigenen Vaterlandes, von Niederlage zu Niederlage, getrieben wurden und danach das schreckliche Los der russischen Kriegsgefangenschaft auf sich zu nehmen hatten. Für manchen Soldaten, der bisher durch alle Gefahren hindurch glücklich am Leben geblieben war, begann jetzt erst der Leidensweg - in irgendein Arbeits- oder Hungerlager verschoben zu werden, wo täglich die Toten wie Abfall auf eine Müllhalde geworfen wurden, weil es nicht möglich war, auch nur eine Grube für die abgehungerten Skelette in die eisige Erde zu schlagen. Gewiß gab es Ausnahmen, aber wie sollte auch der deutsche Gefangene besser ernährt werden können, wenn selbst das russische Volk nur wenig zu essen erhielt. Das Herz einer russischen Mutter, das den eigenen Sohn in diesem Krieg verloren hatte, erwärmte sich gelegentlich in der Fürsorge für einen deutschen Gefangenen! Mütterliche Liebe kann Brücken schlagen - über den dunklen Strom des Hasses und der Feindschaft. Der Abend kam. Der Kampf an der näher rückenden Front ließ auch beim Einbrechen der Dunkelheit nicht nach, so daß wir in den Kasematten der Oxhöfter Kämpe verschwanden.

In den Kasematten der Oxhöfter Kämpe

In der „Verschwörung des Fiesco" von Friedrich Schiller heißt es: „Verderben gehe deinen Gang!"

Hatte der erste Versuch, nach Hela überzusetzen, nicht geklappt, der zweite mußte gelingen.

Es war Abend geworden, und das Kampfgeschehen gewann in der Dunkelheit an sichtbarer Dramatik. Wir hatten sehr bald unsere erste Fluchtunterkunft verlassen, zumal sie von wechselnden Divisionsstäben besetzt war und verkrochen uns in einen absolut sicheren Unterstand. Die Polen hatten diese festungsartige Baumaßnahme in der kurzen Zeit nach 1920 bis 1939 durchgeführt, indem die Oxhöfter Kämpe mit verzweigten Betongängen und Unterständen, der Maginotlinie ähnlich, versehen worden war. Als herausragender Hügel eignete sich dieses Gelände fraglos gut zu Zwecken der Verteidigung. Kein Bombenteppich und kein russisches Granatfeuer konnten denen, die sich hier versteckten, etwas anhaben. Es war sozusagen bombensicher. In dem Halbdunkel der Gänge, in denen sich braun uniformierte Beamte und Angestellte der verloren gegangenen Städte Ostpommerns und Gotenhafens selbst, Offiziere aller Truppengattungen, Mannschaftsgrade und Zivilisten, schweigend und abwartend bewegten, herrschte eine gespenstische und bedrückende Atmosphäre.

Deutsche, seit 1933 durch Propaganda, angeblichen wirtschaftlichen Erfolg und Zwang und anfängliche Siege in die Grenzen des Vaterlandes eingesperrt, wirkten nun verlassen und niedergeschlagen und unendlich betrogen, nachdem bis zuletzt zukunftsverheißende Parolen wie gültige Wahrheiten das Volk betrogen. In den ostpommerschen Städten wurden die Menschen festgehalten. Sie durften sich nicht auf den Weg nach Gotenhafen machen. Sie mußten bleiben. Als aber die Russen unweit von Stolp standen, wurde der Aufbruch freigegeben, so daß die flüchtenden Menschen schon 10 und 20 km östlich der Stadt von den Panzern des Feindes eingeholt wurden. Die „Braunen Bomber", wie das Volk die nationalsozialistischen Amtsträger nannte, waren sicher in den Kasematten. Sie hatten sich aus dem Staube gemacht und zwar so rechtzeitig, daß ihnen nichts passieren konnte. Es war ein übler Verrat, der grausamste nach all denen, die vorausgegangen waren. Selbstverständlich gehörte zu dieser Gruppe auch der Oberbürgermeister von Gotenhafen, der sich durch sein Todesurteil gegen drei schlichte Ostpreußen verhaßt gemacht hatte. Diese Deutschen sollten doch, ihrem Führer getreu, bis zum letzten Mann und als Vorbilder im totalen Krieg sich an der Front verbluten und sich nicht auf die Flucht begeben! Aber ihr Überleben war ihnen dennoch lieber als mit ihrem Haupte unterzugehen. Dieser war in der Tat in dem Wahn befangen, daß das Deutsche Volk mit ihm siegen oder sterben sollte.

Der Aufenthalt in diesen Kasematten war für die einen länger, für die anderen nur von kurzer Dauer. Unser Qu-stab wußte, daß für ihn gesorgt würde. Wir schwiegen, denn es sollten sich nicht noch andere bei uns einfinden, die unseren Abmarsch erschwerten.

Die Rollbahn-Krähe

Die Sprache eines Volkes wandelt sich, wie sich die Zeiten ändern. Veränderungen im horizontalen Lebensfeld hinterlassen den Zwang, Vorgänge und Ergebnisse zu beschreiben, die es vordem noch nicht gab. Weltanschauliche Bezüge zur Wirklichkeit bleiben nicht durch alle Zeiten die gleichen. Schwere Zeiten wie ein länger andauernder Krieg schaffen aus der Begegnung mit Gefahren und Waffen neue Bezeichnungen, die der Soldat aus eigenem Erleben annimmt und weitergibt, indessen der Nichtbetroffene sich fragt, was das wohl ist. So steht es mit dem Ausdruck „Rollbahnschwalbe“ oder „Rollbahnkrähe“ oder auch „Nähmaschine“. Die Rollbahn ist die breite Straße zur Front, auf der Waffen, Munition, Verpflegung, ob Winter oder Sommer, Kleidung und andere Notwendigkeiten transportiert werden. Im Sommer zogen diese schweren Laster eine riesige Staubwolke hinter sich her, im Winter war es eine Schneewolke. Und stets, zu welcher Jahreszeit oder Tageszeit es war, diese Maschinen mußten das Letzte hergeben, was sie leisten konnten. Auf der Rollbahn zogen auch Nachschubtruppen nach vorn. Im heißen russischen Sommer lechzten die Soldaten nach etwas Flüssigkeit, im Winter erschienen sie wie angeschneite Gespenster, die oftmals gegen eisige Winde nach Osten strebten, wo sie nicht das Paradies, sondern die Front mit dem für jeden ungewissen Schicksal erwartete.

Die Krähe oder die Schwalbe deuten darauf hin, daß es sich um etwas Fliegendes handeln muß. Und so ist es denn auch. Die Russen hatten ein sehr einfaches mit Segeltuch bespanntes Flugzeug, das seine eigene Flugtaktik entwickelte. Das Geräusch dieses kleinen und leichten Apparates war kaum zu hören. Und das war sein Vorteil beim Angriff. Es kam vor, daß eine Kolonne bei Nacht die Rollbahn entlangmarschierte, Soldaten sich dabei etwas lauter, noch fern vom Feind, unterhielten und gar nicht hörten, daß unmittelbar über ihnen ein Apparat leise surrte, bis er seine leichten Bömbchen mitten in sie hineinfallen ließ, die mit ihrer Splitterwirkung eine Gruppe kampfunfähig machen konnte, der eine tot und einige andere verwundet!

Unter der Führung unseres Fregattenkapitäns eilten wir in später Abendstunde unserem Ziele zu. Links und rechts loderten Feuerbrände, Hallen sanken in sich zusammen und das Feuer fraß sich durch die Hafengassen. Der Himmel war sternenklar. Wir ahnten nichts. Wir hörten auch nichts über uns, da das Prasseln der Feuersbrunst, das Zusammenstürzen der Balken und das schauerliche Verwüstungspanorama unsere Sinne in Bann schlugen, als wir urplötzlich von unserem hellhörigen Fregattenkapitän den Ruf hörten: Achtung, Deckung! Wir spritzten auseinander, als hätte eine Bombe uns auseinandergesprengt. Ich kam in einem unmittelbar vor mir geöffneten Betonschuppen zu liegen, als die Bömbchen den Boden erreichten. Einen Beamten, der nicht schnell genug gewesen war, erwischte es. Wir anderen blieben allesamt unverwundet - Dank des Schutzengels, den wir in unserem Kapitän hatten. Wir sammelten uns nach diesem Zwischenfall und strebten mit noch eiligeren Schritten unserem Ziele zu. Bei diesem Vorfall verlor der ältere katholische Pfarrer den Anschluß an die Gruppe. Aber suchen konnten wir ihn nicht. Wer hier zu langsam war, hatte die Nachteile selbst zu tragen. Nur er selbst? - Nein - auch ich. Der Einsatz war noch nicht zuende.

Am Ende einer langen, recht niedrigen Steinmole mußte unser Kutter liegen, der uns hinüber bringen sollte. Wir marschierten über Stock und Stein gegen

Norden und tatsächlich fanden wir das Boot und fuhren unbehelligt über die westliche Danziger Bucht und gelangten nach Hela. Neben den Offizieren und Beamten kamen also drei Pfarrer an: ein römisch-katholischer und zwei evangelische. Dies Mißverhältnis störte den Admiral, wiewohl ihm deutlich gemacht wurde, daß der andere katholische Priester es sich selbst zuzuschreiben hätte, nicht mitgekommen zu sein. Der Admiral befahl, ein evangelischer Pfarrer muß zurück. Wir warfen das Los, und dies entschied gegen mich. Ich sah die russische Kriegsgefangenschaft vor mir, war indessen doch die russische Front zum Kessel Hexengrund gediehen. Ich zog mir meine U-Boots-Uniform aus Leder an und rechnete fest mit der russischen Kriegsgefangenschaft. Das war töricht, denn nichts wäre mir so schnell genommen worden, wie diese Uniform.

Die ideale Oekumene

Nur selten in meinem Leben ist mir der Gehorsam vor einem Befehl so schwer geworden wie vor diesem. Wir evangelischen Geistlichen schienen in Verdacht zu sein, uns um jeden Preis schnell und beinahe pflichtvergessen abzusetzen, und dabei hatte der Befehl des Admirals doch gelautet, daß wir vier nach Hela überwechseln sollten. Was sollten wir noch in dem immer enger werdenden Kessel an Pflichten erfüllen, da es doch nur eine Frage von ein oder drei Tagen war, bis auch hier die Waffen schweigen würden. Es war Ende März. War nicht der Befehl: Zurück, marsch, marsch, mein Todesurteil? Warum sollte ich ausgerechnet am Ende dieses Krieges durch die Unbedachtsamkeit meines Vorgesetzten mein Leben verlieren? Waren nicht genug Heerespfarrer drüben, wo es doch nur ganz geringe Kontingente der Marine gab? Ich hatte mit diesem Krieg gar nichts im Sinn. Es hatte mich nie bei Siegen eine Begeisterung befallen können, denn ich dachte an die Zukunft unseres Volkes unter diesen Fanatikern. Sie konnte nie glücklich werden. Ein Menschenheer in der Zwangsjacke einer Ideologie , die das Ende der Kirche betrieb und nur während des Krieges sich von harten Verfolgungsmaßnahmen freihielt. Dafür hatte ich also gelebt, um am Ende des Krieges nach mancher bestandenen Gefahr doch noch in irgendeinem russischen Lager an Hunger oder Typhus verrecken zu müssen. An dem folgenden Tag brach ich auf und um nicht zu früh in den Kessel zu gelangen, hielt ich mich auf den Schiffen auf, die die Verwundeten abtransportierten. Ich traf auf einen Feldwebel, der sich durch zweierlei auszeichnete, schwer verwundet zu sein und zugleich hoch dekoriert! Seine Wunden waren tagelang unversorgt geblieben, und er schimpfte auf Hitler und den wahnwitzigen Krieg, fluchte und tobte und bot ein Bild und ein Geschehen, das sich in diesen Wochen des Unterganges wohl tausendfach wiederholte. Wozu dieser sinnlose, opferfordernde Fortgang, der sich am deutschen Menschen und Soldaten zu einem Massaker verwandelte?! Die Schmerzen müssen entsetzlich gewesen sein, und es schien nicht so, als würde er sehr bald neu verbunden werden können. Der Tag auf den kleineren und größeren Schiffen in der Danziger Bucht ging zuende. Ich mußte, wie befohlen, in den Kessel. Mit einem kleineren Fahrzeug landete ich an einem Anlegesteg. Und wider Erwarten begegnete mir ein junger Marineleutnant, der mir gut bekannt war und nach seinem Wesen auch sympathisch. Er begrüßte mich, als hätte er nur auf mich gewartet. Dieser junge Mann wollte nach Kriegsende Theologie studieren. Aber die russische Kriegsgefangenschaft brachte für ihn den Tod. Er gehörte zu einer Generation, die dem Verführer zu huldigen hatte. Aber er war ausgestiegen. Das bewies sein Entschluß, genau den schmalen Weg geistlicher Vernunft zu gehen. Wir waren demnach auf der tieferen Ebene miteinander verbunden und daher auch seine Freude an jenem Abend. Auf meine Frage, wo sich denn der katholische Marinepfarrer aufhielte, wußte er eine genaue Antwort und übernahm es auch, mich durch das Dunkel zu ihm zu bringen. Auch hier war die Freude groß, daß nun nicht jeder allein seinen Weg zu gehen hätte, sondern wir zwei gemeinsam. Wir besuchten Unterkünfte, führten Gespräche mit allen, die dazu bereit waren. Vor jedem stand die nahe Zukunft wie ein ihn verschlingender Rachen oder wie eine Brücke, die ein gnädiges Geschick nur errichten konnte. Als es später wurde und wir an den Schlaf zu denken hatten, begaben wir uns in ein Haus, in dem die früheren Flieger, es lag dort ein Flugplatz, ihre Frauen oder auch andere Angehörige empfingen und übernachten ließen. Hier also in der ersten Etage bekamen wir ein Zimmer zugeteilt, das zwei Schlafgelegenheiten hatte. Zur Rechten fand mein katholischer Amtsbruder seinen und ich zur Linken meinen Platz. An der Wand zur Rechten hing das Porträt Adolf Hitlers, zur Linken das des Reichsmarschalls Hermann Göring. Ich fand keinen Augenblick Schlaf, denn allzu offensichtlich belegte die Rote Armee das Feld des auf sechs mal neun Kilometer zusammengedrückten Kessels mit andauerndem Streufeuer. Ich hörte getroffene Tiere in ihrem Schmerz aufheulen und dachte bei mir, wann denn wohl für uns die Todesgranate käme. Ich lugte so, immer wacher werdend, in den dunklen Raum. Draußen waren Schritte von Menschen zu hören, die sich auf dieser ersten Etage ihrerseits zu schaffen machten. Es mag eine Stunde vergangen sein, und die Uhr müßte eins geschlagen haben, als eine Detonation das Haus in seinem Westflügel erschütterte. Eine feindliche Granate hatte ihr Ziel erreicht. Wir blieben unverletzt, doch als wolle diese russische Granate das Ende der nationalsozialistischen Kurzperiode einleiten, fielen beim Priester Adolf Hitler, beim Pastor Hermann Göring von der Wand. Wir nahmen unsere Habe, verließen den Raum, sahen, wie aus den Trümmern Verwundete und Tote gehoben wurden und stiegen in den Keller hinunter. Dort hoben wir eine Tür aus den Angeln, legten diese flach auf den Boden, uns darauf und genossen ein wenig

Schlaf - trotz des Trubels und des unruhig-wirren Kommens und Gehens der Menschen.

Wir überstanden so die Nacht, in deren Folge der Kessel zu einem Mordkessel erklärt wurde. Das bedeutete nichts anderes, als daß soviel Soldaten und Zivilisten hier auf engstem Raum sich aufzuhalten gezwungen waren, daß jede krepierende Artilleriegranate, jeder Bombenwurf Menschen töten mußte. Am Morgen des nächsten Tages wurde die ausweglose Lage der deutschen Verteidigung so deutlich, daß der hier befehlende General der Ausbildungstruppen die Evakuierung sämtlicher Einheiten befahl, selbstverständlich mit Ausnahme der Fronteinheiten, die den Russen am schnellen Vordringen zur Küste hinderten. Unseren Soldaten, ob Heer, Marine, SS oder Luftwaffe, fehlten Waffen und Munition und ein Ausbruch durch die Klammer hätte darüber hinaus zu nichts anderem geführt, als daß die angreifenden deutschen Soldaten unter den alles vernichtenden Gegenschlag des Feindes gelangt wären. Dem Russen stand die Tiefe des Raumes zur Verfügung, und die Masse des Materials erlaubte ihm deren unbegrenzten Einsatz. Es blieb also auch hier nichts übrig, als Menschen zu retten.

Wir verbrachten den Tag nicht nutzlos. Wir gingen an den Strand, der voller deutscher Soldaten war. Die SS-Einheiten hämmerten sich aus Benzinfässern und Eisenteilen Flöße zurecht, um auf diesen bei ruhiger See auf die nördliche

Halbinsel zu kommen. Wir besuchten alte Bausoldaten, die sich gegen Süden im Schutz des Steilufers eingegraben hatten. Es waren Männer, die jenseits des wehrdienstfähigen Alters angelangt waren, Väter und sogar Großväter. Sie hatten keine Waffen und hofften, bald nach Hela übergesetzt zu werden. Wie es nicht anders sein konnte, waren sie voller Sorge um ihre Rettung. Einige lasen in ihrem Neuen Testament und suchten so Trost. Sie waren allesamt zu Gesprächen bereit und freuten sich, die beiden Pastoren sehen und sprechen zu können. Und stets ging es um das Schicksal der Familien und des eigenen. Es war ein sichtbarer Jammer, wie selbst das Alter in die Pflicht für einen von vornherein aussichtslosen Krieg genommen worden war.

Ein Friese von der Insel Sylt, der seine Verwandten in Canada und USA besuchte, kam mit der Einsicht zurück: Wenn Hitler nur einmal durch diese Länder gereist wäre und die Weite und die Industrie erlebt hätte, er hätte den Krieg nicht begonnen.

Für meinen Kollegen von der römisch-katholischen Fakultät brach eine Welt zusammen. In meinem Urteil vollzog sich ein notwendiges Gericht über die illusionäre Anmassung des Österreichers und seiner Anhänger und über uns Deutsche schlechthin, die aus den Maßnahmen dieser Herrscher nach 1933 nicht die Folgerungen gezogen hatten. Und ich selbst konnte mich nicht vom Zwiespalt einer positiven Erwartung und der inneren Feindschaft freisprechen. Hatte der ostdeutsche Adel, der in den christlich-ritterlichen und den preußischen Geist korrekter Rechtswahrung (Cocceji) eingebunden sein sollte und von dorther seine Exclusivität zu berechtigen sich erlaubte, nicht seine Stunde versäumt, in dem die äußere Wohlfahrt und die Aufnahme seiner Söhne in die sich maßlos ausweitende Offizierschaft vor der Wahrung und mannhaften Behauptung jahrhundertelang gültiger Grundpflichten und Formkräften Vorrang hatten? Mußte ausgerechnet einer der ihren den letzten preußischen Ministerpräsidenten stürzen, wenn dieser auch einer ihm nicht genehmen Partei zugehörte, die aber gerade darauf hin arbeitete, mehr soziale Gerechtigkeit im Sinne Friedrichs des Großen zu erwirken.

Und viele andere Gedanken bewegten uns in diesen Stunden und im Anblick des kläglich-hilflosen Endes deutscher Kampfkraft. Als wir nach Westen die Küste entlang unsere Blicke schweifen ließen, entging es uns nicht, daß unweit dieser Bausoldaten und der SS schwer bepackte Rotarmisten gerade in diesen Stunden die Küste erreichten, um unter Umgehung des Schutzes der Steilküste, die dazu noch bewaldet war, den Kessel nun auch noch von Westen, also nicht nur vom Süden her weiter einzuengen und ein Schußfeld ohne jedes Hindernis zu haben.

Als wir an unseren Ausgangspunkt zurückkehrten, war der Befehl an alle Einheiten durchgegeben, daß in der kommenden Nacht die Ausschiffung in größerem Ausmaß geschehen würde - dazu gehörten wir! Es blieb nur ein einziger Heerespfarrer, der an den Verwundeten Dienst tat, zurück.

Noch immer war unsere Lage wie die der aufbrechenden Soldaten keinesweges geklärt. Wir gingen in jener Nacht an 5000 Mann vorbei, die in Schüben nach Hela hinübergebracht werden sollten. Die russische Führung hatte längst festgestellt, was deutscherseits geschah. Sie richtete ihre Stalinorgeln (auch ein im Kriege erfundener Ausdruck für Nebelwerfer) auf die Anlegestelle und störte das Manöver der Ein- und Abfahrt. Es mußte möglich sein, stets nur in den Ladepausen hinein und herauszufahren. Wir wurden von einem Kanonenträger, einem Hilfskriegsschiff, aufgenommen, und ich nahm Deckung hinter einer Kanone. Dem Bootsführer gelang die Ausfahrt mit AK (äußerste Kraft voraus, wie es in der Marine heißt) in den Minuten, da die Einschläge der Granaten ausblieben. Wir waren gerettet. Zumindest war der Weg nach Hela frei.

Im nächtlichen Schauspiel

Der Mensch begegnet der Unendlichkeit recht unterschiedlich. Eigentlich steht und wacht sie über ihn auch bei Tage. Aber die Helligkeit versperrt ihm die Wanderung. Sie läßt ihn an das Vordergründige, an Pflichten, Gegenstände, Ziele, Begierden und Aufgaben gebunden sein und sperrt seine Seele in diese kleine Welt ein. Der Mensch wird horizontal und hockt auf der Erde wie ein Käfer auf einem Blatt. Die Unendlichkeit aber wartet wie die Sonne hinter der grauen Wolkenwand auf den Augenblick, da sie diese aufreißt. Wenn es Nacht ist und der Himmel sternenklar, werden die Augen des Menschen wie weitgreifende, wandernde, unendliche Regionen erreichende Strahlen, die vor keiner Endlichkeit Halt machen, nie und nirgendwo zu bremsen sind, so daß Philosophen meinten, dieser Aufbruch in das Jenseits der Endlichkeit hinge allein damit zusammen, daß der menschliche Geist selbst unendlich sei. Das Geheimnis um die wache Seele des Menschen ist groß. Es wird von denen wahrgenommen, die sich nicht der trügerischen Sättigung durch ausschließlich diesseitige Ziele hingegeben haben. Wer sich so klein und unbedeutend werden und machen läßt, hat gewiß nichts als den Namen eines höher entwickelten Tieres verdient.

Unser Kutter legte so unauffällig und behutsam, wie es nur möglich war, ab und strebte der Halbinsel zu. Zwischen Himmel und Erde, zwischen dem Sternenzelt und dem Wasser der Danziger Bucht stand eine mystische Stille. Im Süden loderten die Brände. Das Donnern der Kanonen drang an unser Ohr. Mächtiger aber als der Waffenlärm umgab uns in feierlicher Schönheit diese Nacht unter dem reich verzierten, mit unzählig leuchtenden Edelsteinen besetzten Firmament. In Friedens- und Sommerzeiten hatten hier die Segler ihre Freude genossen. Frei war ihr Herz und erholsam das Gleiten der Boote, aber nun drang das Herzweh des kriegerischen Geschehens in unser Gemüt und ließ unsere Sehnsucht groß werden, das kleine menschliche Dasein an der Teilhabe an dem Unendlichen aller Wirklichkeit gesunden zu lassen. Wie töricht die gegenseitige Vernichtung, wie klein die Welt der Beweggründe, die dahinter stand!

Wir schauten in südöstlicher Richtung. Abgeblendete Schlepper machten sich an einem Wrack zu schaffen, das sie mühevoll vor der Einfahrt in den Hafen bugsierten. Was würde es kosten, dieses abgesenkte, große Wasserfahrzeug wieder zu heben. Hier war es eine den Unterlegegnen kennzeichnende Tat, die dem Sieger aus der Ohnmacht heraus noch einen Stoß versetzt, der aber wenig bewirkt.

Statt der großen Einheit und Gemeinsamkeit unter dem Dom des Universums ... die bis zuletzt feindliche Tat.

Die Perspektive aus persönlichem Erleben

Solange die grausamen Nachwirkungen des Verrats Hitlers am deutschen Volk, an den anderen Völkern dazu und an der Humanität eine Last dieser oder der zukünftigen Generationen sein werden, wird die Frage aktuell bleiben, wie es denn dazu kam, und unter welchen Voraussetzungen die Jugend zwischen damals 20 und 30 Jahren das Geschehen aufnahm. Dabei wird es große Unterschiede geben, denn das Milieu einer von Arbeitslosen belasteten Großstadt war ein anderes als das einer ostpommerschen Mittelstadt mit 53.000 Einwohnern. Zwar war auch hier die Zahl der Hoffnungslosen spürbar, dennoch wurde nicht gehungert, hatten doch viele der Betroffenen Verwandte auf dem Lande und wurden damit von der ärgsten Not freigehalten.

Am 31. Januar 1933 machte die Unterprima des althumanistischen Gymnasiums von Stolp einen Tagesausflug in den nahegelegenen Großpark, der Waldkatze hieß. Es war Schnee gefallen, und zuvor hatte es gefroren. Wir wanderten mit unserem Klassenlehrer, einem kinderlosen Studienrat, der unser Mathematik-Lehrer war, an der großen Sommerfeldmühle vorbei und gelangten zur Lachsschleuse (der Name hielt die Erinnerung an den früheren Fischreichtum der Stolpe fest). In diesem Augenblick steigerte sich die Begeisterung von drei Schülern über die Machtergreifung Hitlers. Sie gebärdeten sich laut, selbstbewußt und hoffnungsvoll in dem Sinne, daß nunmehr eine bessere Zeit anbräche. Zwei dieser Schüler, der Sohn eines Arztes und der eines Lehrers, hatten schon in den letzten beiden Jahren die Juden mit dem Ruf „Deutschland erwache, Juda verrecke“ angeekelt - und zwar auf der Straße, wenn diese aus ihrem Gotteshaus, der relativ großen, der Schule gegenüber liegenden Synagoge, herauskamen. Von dem Studiendirektor, der später sein Amt verlor, wurde nicht eingeschritten. Da die Nationalsozialisten damals noch eine Minderheit waren, wurde das unwürdige Auftreten der beiden Schüler mehr als Lümmelei angesehen. Für die Schule, deren Direktor und Lehrer, war ein solches Benehmen jenseits der Würde eines althumanistischen Gymnasiasten, der gerade um seiner Erziehung willen - zu Menschenachtung und Nächstenhilfe - diese Anstalt besuchte. Die Schüler, die in der großen Zahl aus konservativ evangelischen Elternhäusern kamen, dachten an ihre Zensuren, denn das Niveau des Unterrichts war hoch und die Disziplin war eindeutig, und wenig an die Politik. Sie werteten die Auftritte der beiden Außenseiter als exaltierte Eskapaden, besonders die des jüngeren Arztsohnes, der ebenso begabt wie albern war. Der Ältere von beiden gehörte zu einer Familie, deren Auftreten viele Möglichkeiten offen ließ. Ein Bruder desselben hatte in einer sehr erregten Auseinandersetzung einem Studienassessor, der Jude war, eine schallende Backpfeife versetzt. Der geschlagene Lehrer hatte darauf die Schule verlassen und war nach Frankfurt am Main verzogen. Die Lehrerfamilie war von dorther belastet. Das nationalsozialistische Bekenntnis und Benehmen war erklärlich. Die Mehrheit der Schüler litten auch nicht direkt unter der Not, nahm aber in einem gewissen Grade an der Hilflosigkeit der Parteien, den Staat und dessen Probleme nicht fester in der Hand zu haben, teil. Stets aber in einem konservativen Vertrauen darauf, daß derjenige, der an die Macht käme, auch die sittliche Qualität dazu besitze. Die Nationalsozialisten rekrutierten sich aus allen Kreisen und da sie an Zahl gering waren, übersah man es, daß einige zu den geistig minderbemittelten Familien gehörten, andere aus bankrotten Bauern bestanden und ganz vereinzelt Akademiker auftraten, die die neuen Ideen mit ihrem gutwilligen und hoffnungsgetränkten Idealismus füllten.

Es würde eben alles besser werden! hatten die Parteien sich zerfleischt und das Volk dazu, so wollte man die Befreiung durch die harmonische Verwendung aller Volkskräfte erreichen. Es gehe eben Gemeinnutz vor Eigennutz. Die neuen Herren würden auch die beiden Kirchen nicht antasten, denn die Partei bekannte sich zum positiven Christentum. Sie predigte Bescheidenheit in den Lebensansprüchen und Anstand im Umgang miteinander. Sie sicherte das deutsche Volk gegen die kommunistische Weltgefahr, die selbst unter den Schalmeienklängen der SPD-Kapelle erschreckend spürbar wurde, wenn diese die Internationale durch die Straßen der Stadt erschallen ließ. Die Angst vor der roten Gefahr schloß die SPD ein, bekannte sich doch diese Partei weithin zur Feindschaft gegen die Kirche, und diese war nun mal die eigentliche, seelische Heimat der Familien dieses Landes. Zwischen Katholiken und Evangelischen bestand darin Einigkeit, daß die SPD aufgrund ihrer Fremdheit gegenüber dem christlichen Glauben, nur schwer wählbar sei. Es interessierte die Mehrheit der Stadtbewohner auch wenig, ob die Führer der NS-Bewegung selbst Glieder der Kirche waren. In der Spitze waren sie in der Mehrheit Katholiken. Das christliche Bekenntnis differenzierte sich nicht mehr angesichts der Parteizieles, ob denn der evangelische Politiker nicht vertrauenswürdiger und wirklichkeitsnäher als der römisch-katholische wäre, wo es doch da und dort noch Spannungen zwischen den Konfessionen gab. Das große, politische Ziel, wie es nun nach dem 30. Januar 1933 über nahezu alle Zeitungen und Radiosendungen meisterhaft von dem Propaganda-Ministerium in alle Herzen gegossen wurde, ließ manchen seine Einwände zurücknehmen und erst recht nicht das Mißtrauen erhärten, daß hinter all diesen Vorspiegelungen das eigentliche Drama sich verbarg, das bald seine martialischen Ziele zu erkennen gab. Insgesamt war es die Arglosigkeit des Volkes, das zwar jahrhundertelang einen König, bisher aber noch nie einen Diktator genossen hatte. Wie sollte in Deutschland und dessen Volk mit seinem hohen Ethos eine Gewaltherrschaft möglich werden, die ebenso grausame Züge und Verbrechen zeigen würde wie die rote Herrschaft in Rußland -? Warum denn nur Feindschaft gegen die Juden1? Man hatte doch mit ihnen in Frieden gelebt, war nicht immer mit ihnen zufrieden, litt manchmal unter ihrem verletztenden Auftreten und unter ihrer händlerischen Klugheit, sah auch Arme dieses Volkes -- Fremdheit ja, aber Feindschaft nein! Man begriff nicht, warum die Juden an allem schuld sein sollten.

Nur ganz wenige witterten sehr früh den Ungeist dieser braunen Straßenbeherrscher! Sie hielten sich zurück, denn sie waren sich noch nicht endgültig im Klaren, was das alles war - die braune, nicht die preußische schwarz-weiße Farbe, nicht die eher zurückhaltende Art preußischen Benehmens, sondern die dreist-flutige, mehr freche als vornehme Weise des Auftretens, der diktatorische, sendungsbewußte Befehlston statt der demokratischen Abstimmung, das Erscheinen der SA in großer Zahl auf den Straßen, das Gebrüll aufreizender, selbstbewußter Lieder, - all das reichte nicht aus, um die Sendung dieser Partei zu hinterfragen. Wie sollten junge Menschen zu revolutionären Impulsen bewegt werden? Was sie in sich trug an mobilisierbarer Kraft schluckte der kämpferische Elan dieser Bewegung auf. Und gab sich der Einzelne diesem Geschehen hin, so fand er darin Befriedigung und Stolz, nunmehr der Gemeinschaft zugehören zu dürfen, die es mit dem Vaterland gut meinte.

Die Jugend der höheren Schulen hatte vor 1933 - von Ausnahmen abgesehen, in dieser Stadt kaum eine Beziehung zu den Idealen der Partei. 1933 erschien der Bannführer der Hitler-Jugend vor der in der Aula versammelten Schülerschar und hielt eine Rede, die in ihrem Inhalt eine Ermahnung zu bescheidener Lebensweise und einige der üblichen Phrasen um Kampf und Sieg der Partei enthielt. Die Sprache war primitiv und voller grammatikalischer Fehler, die mit Erschrecken und Schmunzeln hingenommen wurden. Ich sah mir den jetzt so hohen Führer an und erkannte in ihm einen Bäckerlehrling, mit dem ich in der Friedrichstraße Fußball gespielt hatte. Es war acht Jahre her. Der junge Mann, der sich nun hochgetragen wußte, wagte es, vor einer Jugend zu sprechen, die über sein Gerede nur lächeln konnte. Aber die Partei als Weg aus der Tiefe überbrückte die Kluft, die zwischen ihrem Jugendvertreter und der Schülerschaft so auffällig und blamabel erschienen war. Wiederum auch hier --- keinerlei Opposition! Umso beredter und propagandistischer war all das, was mit Hitler und Goebbels an Wortguß versprengt wurde.

In jenem Jahr des Umbruchs von 1933/34, als Deutschland den Völkerbund verließ, argwöhnten allein die kirchlichen Kreise und erwarteten wenig Gutes. Sie behielten recht. Aber damit waren die vielen, vielen dienstwilligen Jugendlichen überfordert, zumal der sogenannte Reichsbischof Müller von Hitlers Gnaden mit einem Federstrich die evangelische Jugend der Partei zuführte. Angesichts einer solchen Maßnahme bildeten sich kirchliche Jugendgruppen, die sich am Hören auf das biblische Wort orientierten und dabei die Geister unterscheiden konnten. Es ging um die Frage, ob es neben dem biblischen Wort als einziger religiöser Erkenntnisquelle noch das Volk mit seiner Geschichte und Kraft gäbe. Dahinter stand die viel weiter reichende Absicht, das deutsche Volk zum Götzen zu küren und in dem blinden Glauben an dessen Kraft und Adel jeden biblisch-kritischen Vorbehalt zu dessen Rettung auszuschließen. Ein neuer Götze, den es zwar schon seit der Romantik und den Freiheitskriegen gab -, der Nationalismus sollte im Sinne der Parteiideologie zum Höchstwert erhoben werden, wobei dieser aber bei näherem Zusehen nur der Helfer des eigentlichen Götzen, des Führers, war.

Der Einbruch dieses religiösen Wahnsinns schaffte Unfrieden in den Familien und selbst die Dörfer wurden damit zerrissen. Aber die Gewalt war schon in den Händen derer, die sie niemals um des Volkes willen abgeben würden. Je engmaschiger das Netz der Alleinherrschaft wurde, umso widerstandsloser lief diese hoffnungsvolle Jugend in die Kanäle, die die Partei für sie offenhielt. Gerade strapaziöse Aktivität kann ein bedachtes Hindernis für kritisches Denken sein.

Die sehr kurz gefaßte weltanschauliche Perspektive

Es konnte nicht ausbleiben, daß sich nach dem selbstverschuldeten Untergang der NS-Woge in dem gewaltigen militärischen und haßerfüllten Strudel des zweiten Weltkrieges eine Menge nicht allein am Gegenstand interessierte, sondern auch davon betroffene Autoren des In- und Auslandes melden würde, um die eigentliche Ursache der deutschen Katastrophe aufzudecken. Dabei durfte von vornherein vorausgesetzt werden, daß das Bild so ausfallen mußte, wie der Sehende seinen Ansatz wählt, wie und wohin seine geistigen Augen blicken. Goethes Wort: „Mit welchen Augen du die Welt ansiehst, sieht sie dich an", ist immerhin halb wahr. Die Pflicht zu objektiver Schau ist ein Gebot jedes verantwortlich handelnden Menschen, der sich um einen so kompletten Tatbestand bemüht. Es ist aber zu bedenken, daß jeder Einzelne eine Welt für sich ist, wie ein altgriechischer Philosoph mit vollem Recht feststellt. Und das besagt, von wievielen Seiten ein Fall untersucht, ausgewertet und sodann mit den entsprechenden Folgerungen und Ergebnissen verabschiedet werden kann. Meine kurzgefaßte Perspektive will mir deshalb erforderlich scheinen, weil der von mir gewählte Ansatz unmittelbar nach 1945 aufgegriffen wurde, dann aber unter zahlreichen anderen Aspekten verlorenging.

Es geht um die tiefste, seelische Wurzel, aus der solche Gewächse wie der Nationalsozialismus, vor allem aber der Glaube Hitlers aufwachsen! Es geht hierbei um eine biblisch befruchtete Erkenntnisweise und Analyse, die vielen Autoren deshalb nicht mehr zu erstellen möglich ist, weil sie selbst nicht mehr in der Spannung leben, die die kritische, biblische Gottesgewißheit gegenüber jedem menschlichen Wertbewußtsein und Urteilen über Letztbindungen auslöst.

In der Zeit nach 1933 wurde gelegentlich darauf verwiesen, daß das Alte Testament das judenfeindlichste Buch der Weltliteratur sei. Wer das zu sagen wagt, muß zugleich darüber Auskunft geben, was damit gemeint ist. Es geht nicht um eine rassistische Verneinung des Judentums, um Verachtung oder Feindschaft, sondern um die Zurechtweisung dieses Volkes von einer unabhängigen Instanz letzter und wesentlicher Berechtigung, die den Namen Gottes trägt. Und dies aus keinem anderen Grunde als dem, daß Gott dies Volk aus der vernichtenden Sklaverei Ägyptens gerettet hat und es allein in der gehorsamen Bindung an ihn den Weg durch die Zukunft bestehen kann. Der Fortbestand des Volkes hängt ausschließlich an der Innehaltung der Gebote, wobei die Furcht Gottes aller Weisheit Anfang ist. Das erste Gebot ist die Mitte, die das Volk in seinen Entscheidungen und in seinem sittlichen Verhalten, in der Nüchternheit der Beurteilung der politischen Lage und in der abgründigen Not nie aus den Augen verlieren darf, wenn es nicht untergehen will. Dieses Wissen enthob das Volk der Versuchung, sich verführerische eigennationale Götter zu schaffen, die eben nichts anderes gewesen wären als die Kräfte dieses Volkes selbst! Die Propheten eifern bewußt - und in ihren Hilfs- und Rettungsbemühungen oft nicht begriffen -, gegen die heidnischen Baalim (Herren), die eben damals nichts anderes waren als die Blut- und Bodengötzen der NS-Bewegung.

Die religiös-weltanschauliche Entwicklung hatte im deutschen Volke zu dem anhaltenden Abbau dieser Gottesgewißheit geführt. Über den Philosophen Ludwig Feuerbach (1850), dessen Sätze genugsam bekannt sind, wonach die Mysterien (Dreieinigkeit Gottes) nichts anderes seien als die Mysterien der menschlichen Seele, stieg man sehr bald auf den Gipfel der Gottlosigkeit, der seinen leidenschaftlichen Propagandisten in Friedrich Nietzsche (1880) nur wenige Jahrzehnte später fand.

Adolf Hitler wollte diesem hochgenialen Vertreter des radikalen Atheismus in Weimar, wo dieser seine letzten zehn Jahre im Wahnsinn verbracht hatte, einen

Tempel bauen. Nicht Gobineau und nicht Houston Steward Chamberlain waren die weltanschaulichen Ratgeber für den „Führer" und dessen Gefolgsleute, sondern eben dieser Denker, Psychologe, Dichter und „Prediger" Nietzsche aus der Lausitz. Er war Pastorensohn und schätzte seinen Vater in dessen Amt. Vielleicht wurde seine Philosophie gerade darum eine so kompromißlose und haßgesättigte Anklage gegen den christlichen Glauben, weil er die Hemmnisse überwinden mußte, die mit dem Glauben seiner Kinder- und Jugendzeit in ihm lebten.

Jeder Mensch hängt, sofern er das Dasein ergründen will, über dem Abgrund. Chr. F. Morgenstern meint demzufolge, daß derjenige, der über Leben, Ursprung und Sinn nachzudenken habe, dem Wahnsinn ausgeliefert sei. Und in der Tat ist der Mensch, wenn er sich dessen auch nicht immer bewußt ist, zwischen Geborgenheit und Verzweiflung eingehängt. Diese beiden Möglichkeiten sind keine Theorie sondern Tatsache. Und gerade die Ungeborgenheit war das Ufer, auf das sich zunehmend der abendländische Mensch zutreiben ließ. Und das hatte Folgen. Entweder Geborgenheit im Angebot des christlichen Glaubens zu finden oder die Folgerungen aus der Verzweiflung zu ziehen. Nietzsche bot für diese die geistige Erhellung. Es genügen in diesem Zusammenhang nur wenige Bekenntnisse Nietzsches, um den Weg Hitlers zu verstehen, was auch immer noch an anderen, mehr äußeren Bedingungen wie Zielnot in der Jugend, Enttäuschungen in Wien, Konsequenzen aus dem Kriegserleben (vorübergehende Blindheit) und charakterlichen Mitgaben dazu kommt. „Seit Kopernikus rollt der Mensch aus dem Zentrum (Gott) ins X" (Der Wille zur Macht S. 318, BD 2).

Kein Pfad mehr! Abgrund rings und Totenstille!
so wolltest du's! Vom Pfade wich dein Wille!
Nun Wandrer gilt's! Nun blicke kalt und klar!
Verloren bist du, glaubst du an Gefahr.

Vorausbestimmt zur Sternenbahn,
was geht dich, Stern, das Dunkel an?
Roll selig hin durch diese Zeit!
Ihr Elend sei dir fremd und weit!
Der fernsten Welt gehört dein Schein!!
Mitleid soll Sünde für dich sein!

Ja! Ich weiß, woher ich stamme!
Ungesättigt gleich der Flamme
glühe und verzehr ich mich.
Licht wird alles, was ich fasse,
Kohle alles, was ich lasse:
Flamme bin ich sicherlich!

Die Welt -- ein Tor
zu tausend Wüsten stumm und kalt!
Wer das verlor,
was du verlorst, macht nirgends halt.
Nun stehst du bleich,
zur Winterwanderschaft verflucht,
dem Rauche gleich,
der stets nach kältern Himmeln sucht ...

Wer diese hintergründigen Bekenntnisse zu lesen versteht, begegnet jener nihilistischen Kraft, die sich alles, auch die übelsten Verbrechen leisten kann und um der Ziele willen auch muß, und die keinem Richter gegenübersteht.

In biblischer Sicht ist ein solcher Mensch „das Tier aus dem Abgrund". Nur so werden die ungeheuerlichen Verbrechen am eigenen und den anderen Völkern verständlich. „In diesem Leben fehlt - „nachher" - wie „vorher" - alles, was einem Menschenleben normalerweise Schwere, Wärme und Würde gibt: Bildung, Beruf, Liebe und Freundschaft, Ehe, Vaterschaft. Es ist, von der Politik und der politischen Leidenschaft einmal abgesehen, ein inhaltloses Leben und daher ein zwar nicht glückliches, aber eigentümlich leichtes, leichtwiegendes, leicht wegzuwerfendes. Ständige Selbstmordbereitschaft begleitet denn auch Hitlers ganze politische Laufbahn. Und am Ende steht wirklich, wie selbstverständlich, ein Selbstmord." (S. 9, Sebastian Haffner, Anmerkungen zu Hitler - Kindler)

Dies mag alles zutreffen, aber die eigentliche Wurzel ist es nicht. Die Feststellung berücksichtigt nicht jene Tiefenschicht, aus der auch das Leben dieses genialen Verführers erwächst. Hitler nimmt, ohne es vielleicht selbst zu wissen, an der Geschichte der abendländischen Seele derart teil, daß er geradezu ein Monument der Absage an die Grundbindungen und Werte des Abendlandes wurde. Er zog die harten Folgerungen aus dem Verlust der ernüchternden und läuternden Kräfte des christlichen Glaubens, jener Verantwortungsbereitschaft vor dem göttlich legitimierten Vorrecht des menschlichen Lebens vor jeder automanen und autokratischen Herrschaftsanmaßung. Ein normaler Mensch, der noch in den christlich-humanen Bindungen denkt und lebt, ist überhaupt nicht imstande, die fanatisch-eruptive Gewalt folgerichtiger Gottlosigkeit zu begreifen. Alles oder nichts! Der kämpferische Einsatz als Freiheit von der lähmenden Vereinsamung der menschlichen Seele! Der kleine menschliche Durchsetzungswille bäumt sich beim Aufkommen von Widerständen auf und macht das Erscheinungsbild des Diktators zum Wahnsinnigen, der alle Bremsen losläßt, die er sonst aus Gründen verlogener Berechnung gelten läßt. Ob in Worten oder Gebärden, in Anordnungen oder Verhaltensweisen ist er stets der Ausweis eines zuletzt mit dauernder Ohnmacht ringenden Despoten für sein eigenes Innere und für die Umwelt.

Er ist herauskatapultiert aus der Beziehung und Abhängigkeit des Menschen zur Ganzheit des Seins, zur Immanenz und Transcendenz. Er stellt sich nicht allein in die Mitte, nein, er behauptet sie auch danach - mit allen ihm zur Verfügung stehenden Mitteln. Und wenn er sein Scheitern, die Frucht seines heroischen Wahnes, seiner illusionären Zielvorspiegelungen auf sich zukommen sieht, erklimmt er die Spitze seiner Irrealität und Lieblosigkeit gegenüber dem deutschen Volke, indem er seinen Untergang, seinen verschuldeten Abgang, zu dem des ganzen Volkes machen möchte. Er kann seine Fehleinschätzungen nicht in Anschlag bringen. Schuld haben stets die anderen, die Feindvölker, die er dazu machte, und zuletzt das eigene Volk - niemals und auf keinen Fall er selbst! So endet sein Verlust an elementarer Wirklichkeitsbeziehung in der Beschimpfung des Volkes, dessen Vertrauen er sich erschlich, um es zum gefügigen Mittel für alle seine jeder Realität spottenden Unternehmungen zu entwürdigen. Das Volk, an dessen Wesen noch im 19. Jahrhundert die Welt genesen sollte, wird zu Schafottknechten des systematischen Mordens an unschuldigen Menschen herabgewürdigt oder muß sein Leben an den Fronten eines Krieges verbluten lassen, der schon 1941 im Dezember verloren war - und zwar endgültig, als das NS-Deutschland, also Adolf Hitler, und nicht das deutsche Volk, der größten Industrienation der Welt, der USA, den Krieg erklärte.

Es gehört zur selbsterlösenden Weise aller Heidentümer die Mystik, ob es die sich immer wiederholende, dumpfe Trommelrhythmik im afrikanischen Urwald ist, die die Menschen zur Ekstase reif stößt oder ob es die imponierend gegliedert und aufmarschierten Verbände, gleich welcher Organisation, ob militärisch oder zivil, auf dem Nürnberger Parteitag oder auf dem Roten Platz in Moskau sind, - unter der entsprechenden Begleitmusik oder dem von Scheinwerfern erstellten Lichtdom über der Masse, die jubelt oder gehorsam auf Befehl brüllt; stets ist die Mystik im Spiel. Sie erlöst und ihrem Wortsinn gemäß schließt der Teilnehmende die Augen und verliert sich an das Geschehen und die Drahtzieher, die den Einzelnen sich selbst entfremden müssen, um ihn zum willigen Werkzeug ihrer Absichten zu machen.

Der „Führer“ selbst ist in diesen Stunden von seiner bedenklichen Einsamkeit erlöst und läßt sich von dem zustimmenden wuchtigen Gebrüll der disziplinierten Masse bestätigen und zu neuen Taten animieren. Der Mensch wird so mit Hilfe der massenpsychologischen Taktik (Gustave le Bon) zum Material, das der Diktator kneten kann, wie er es braucht. 1938 geschah solches im Zeichen des Friedens, wiewohl Hitler bereits ein Jahr zuvor den Hauptschriftleitern der gleichgeschalteten Presse erklärt hatte, daß die Erreichung weiterreichender Ziele nunmehr nur mit Gewalt (d.h. Krieg) möglich sei.

Hochmut hat es stets gegeben. Die Griechen nannten eine solche Haltung Hybris und nahmen die Warnung vor solchem verwerflichen Verhalten mit der Gestalt Niobes in ihre Lebensweisheit auf. Diese Mutter hatte sich, statt dankbar zu sein, ihrer vierzehn Kinder, sieben Söhne und sieben Töchter, in eitlem Stolz gerühmt und wurde dafür mit deren Tod bestraft. Aber bei den braunen und roten Diktatoren des 20. Jahrhunderts waren bösere Mächte im Spiel - es war die totale Gottlosigkeit, der Kult der Gewalt mit allen blutigen Riten - ; das völlige Jenseits von Gott.

Oder war es die Bestätigung dafür, daß Gott in dem biblisch-christlichen Gewicht gar nicht mehr in dem Bewußtsein der Menschen die leitende und bewahrende Autorität war, eben nur noch eine private Angelegenheit des Einzelnen, die wenig oder gar nichts bei der Gestaltung des politischen und gesellschaftlichen Lebens zu bedeuten hatte. Wie bekannte Nietzsche: Gott ist tot, ich aber will, daß der Übermensch lebe!

Die Frage, die noch kurz angeschnitten werden sollte, geht dahin, ob denn Hitler hier und andere dort, keine Vorgänger in den Konsequenzen ihres Handelns hatten. Es ist offensichtlich, daß überall dort, wo keine mäßigende, christliche Kraft bei Königen und Usurpatoren vorhanden war, sich der Selbstmord als Ausflucht aus der verschuldeten Katastrophe einstellte.

Friedrich II. von Preußen meinte, ein Souverän müsse auch bereit sein, an den zehn Geboten vorbei, wenn das Staatsinteresse es geböte, zu handeln. Er war Aufklärer und Deïst. Damit sah er die Geschichte der Menschen allein in der verantwortlichen Hand der Menschen. Gott hatte für ihn ausgespielt. Er war ein für allemal von der Bühne verbannt. Wenn Friedrich seine Kriege führte, so war es ganz und gar seine Sache und hatte mit Gott nichts mehr zu tun. So ist Friedrich denn auch darin auffällig, daß er wiederholt zum Selbstmord bereit war. Er meinte, wenn das Leben nicht das gewährte, was der Mensch zu erwarten hätte, könnte dieser den Vertrag aufkündigen.

Friedrich führte seine Kriege, um die reiche schlesische Provinz, die im Süden Brandenburgs anschloß, für Preußen zu gewinnen. Napoleon war demgegenüber ein internationaler Usurpator, der mit Millionen Soldaten hantierte, als wären alle diese Geschöpfe Gottes sein Eigentum, mit dem er machen könne, was er wolle. Dies ist die geschichtsbekannte Anmaßung aller gottlosen Diktatoren. Darum nimmt es nicht wunder, daß Napoleon stets das tödliche Gift in einem Seidenbeutel über seiner Brust trug, um es im Ernstfall anwenden zu können. Und als es soweit war und er es nahm, war die Dosis nicht mehr tödlich. Er hatte blaue Flecke im Gesicht. Es hatte nicht gewirkt. Daher konnte er noch seine kurze Abschiedsrede an die Garde in Fontainebleau halten. Er war Kaiser und hatte, auch nach soviel angerichtetem Elend und dem Heer der Millionen Toten, nicht den Tod durch den Strang, sondern nur eine Verbannung zu erwarten.

Hitler war als Diktator ein zur Macht gelangter Volkstribun. Seine Untaten hatten keinerlei Rechtsgrund. Er floh vor dem Tod durch den Strang feige in den Selbstmord mit Gift.

Die reiche deutsche Weltanschauungsgeschichte, die sich wie eine Perlenschnur ausmacht, kommt vielleicht bei Fachwissenschaftlern noch zur Geltung, beim Volke kaum. Und doch enthält sie kritische Angebote und Verwarnungen, die, hätte man sie ernstgenommen, viel Unheil verhütet hätten. Einer der klarsichtigen, säkularen Propheten ist Heinrich Heine (1840), der sich mit der in Deutschland vertretenen Philosophie und Religion kritisch auseinandersetzt. Bekanntlich haben die Weltanschauungen stets tiefere Wurzeln in der Vergangenheit, bis sie zu wirksamen Auswertungen in einer späteren Gegenwart gelangen.

In seinem 1834 erschienenen Werk „Zur Geschichte der Religion" bietet er folgende Prognose für die deutsche Zukunft an:

„Laßt euch aber nicht bange sein, ihr deutschen Republikaner; die deutsche Revolution wird darum nicht milder und sanfter ausfallen, weil ihr die Kantsche Kritik, der Fichtesche Transcendental-Idealismus und gar die Naturphilosophie vorausging. Durch diese Doktrinen haben sich revolutinäre Kräfte entwickelt, die nur des Tages harren, wo sie hervorbrechen und die Welt mit Entsetzen und Bewunderung erfüllen könnten. Es werden Kantianer zum Vorschein kommen, die auch in der Erscheinungswelt von keiner Pietät etwas wissen wollen und erbarmungslos mit Schwert und Beil den Boden unseres europäischen Lebens durchwühlen, um auch die letzten Wurzeln der Vergangenheit auszurotten. Es werden bewaffnete Fichteaner auf den Schauplatz treten, die in ihrem Willensfanatismus weder durch Furcht noch durch Eigennutz zu bändigen sind ... Doch noch schrecklicher als alles wären Naturphilosophen, die handelnd eingriffen in eine deutsche Revolution und sich mit dem Zerstörungswerk selbst identifizieren würden ...

Es wird der Naturphilosoph dadurch furchtbar sein, daß er mit den ursprünglichen Gewalten der Natur in Verbindung tritt, daß er die dämonischen Kräfte des altgermanischen Pantheismus beschwören kann und daß in ihm jene Kampfeslust erwacht, die wir bei den alten Deutschen finden ... Das Christentum - und das ist sein schönstes Verdienst - hat jene brutale Kampfeslust einigermaßen besänftigt, konnte sie jedoch nicht zerstören ... und wenn einst der zähmende Talisman, das Kreuz zerbricht, dann rasselt wieder empor die Wildheit der alten Kämpfer, die unsinnige Berserkerwut, wovon die nordischen Dichter soviel singen ... Jener Talisman ist morsch und kommen wird der Tag, wo er kläglich zusammenbricht. Die alten, steinernen Götter erheben sich dann aus dem verschollenen Schutt und reiben sich den tausendjährigen Staub aus den Augen und Thor mit dem Riesenhammer springt endlich empor und zerschlägt die gotischen Dome ... Lächelt nicht über meinen Rat, den Rat eines Träumers, der euch vor Kantianern, Fichteanern und Naturphilosophen warnt. Lächelt nicht über den Phantasten, der im Reiche der Erscheinungen dieselbe Revolution erwartet, die im Gebiete des Geistes stattgefunden. Der Gedanke geht der Tat voraus wie der Blitz dem Donner. Der deutsche Donner ist freilich auch ein deutscher und ist nicht sehr gelenkig und kommt etwas langsam herangerollt! aber kommen wird er, und wenn ihr es einst krachen hört, wie es noch niemals in der Welt gekracht hat, so wißt: der deutsche Donner hat endlich sein Ziel erreicht. Bei diesem Geräusch werden die Adler aus der Luft tot niederfallen und die Löwen werden in der fernsten Wüste Afrikas die Schwänze einkneifen und sich in ihren königlichen Höhlen verkriechen. Es wird ein Stück aufgeführt werden in Deutschland, wogegen die französische Revolution nur wie eine harmlose Idylle erscheinen möchte ... Jetzt ist es freilich ziemlich still ... Es sind nur die kleinen Hunde, die in der leeren Arena herumlaufen und einander anbellen und beißen, ehe die Stunde erscheint, wo die Schar der Gladiatoren anlangt, die auf Tod und Leben kämpfen sollen ...“

(Aufbau-Verlag, Berlin-Weimar VBd S. 147/48.)

Für Kant steht in der Geschichte der deutschen Jugend der Pflichtidealismus. Für Fichte die vergöttlichte Egozentrik des menschlichen Ichs. Für die Naturphilosophie der biologische Materialismus! Alle drei wirken an der Tragödie des deutschen Volkes mit, die in einem blutigen Schuldkranz endet und in einer Last, die mit dem deutschen Volke nicht in Jahrhunderten aus seinem Lebenshauch gestrichen wird. Der Kirchenvater Augustinus (400 v. Chr.) von Thagaste bemerkt:

Ein jeder ungeordnete Geist zerstört sich selbst.

Die preußische Perspektive

In diesen nun folgenden kurzen Hinweisen geht es allein darum, der Meinung entgegenzutreten, daß der Nationalsozialismus dem Boden des Preußentums entwachsen sei. Wie man zu dieser Irreführung der öffentlichen Meinung gelangen konnte, hängt möglicher Weise damit zusammen, daß die Alliierten mit der Liquidierung des preußischen Staates im Jahre 1947 und deren indessen berüchtigter Umerziehung des deutschen Volkes auszulöschen und zu diffamieren versuchten, was gerade dieser Staat den deutschen Menschen an Wertbewußtsein nach dem nationalsozialistischen Verrat, inmitten der ausweglosen Lage hätte bieten können. Indessen lassen sich historische Tatsachen, wenn diese auch für einige Zeit verdeckt werden können, nicht auf die Dauer in den dunklen Schlund totaler Vergessenheit verbannen. Zur historischen Ironie gehört es deshalb, wenn ausgerechnet die DDR mit der Renaissance des Preußentums begann - wenn, wie genugsam bekannt und nicht anders möglich - diese dem eigenen Staate, der wenig oder gar nichts mit Preußen gemein hat, dienen muß ... Der sogenannte Bauern- und Arbeiterstaat benötigt jedwede Rechtfertigung und nimmt sie sich, da es auf historische Wahrhaftigkeit nicht ankommt, wo immer diese ihm zur Verfügung zu stehen scheint.

Rein geographisch gesehen kommt der Nationalsozialismus aus der Awarischen Mark, also aus Österreich. Hitler war nach seinem Denkgefüge, seiner sittlichen Bindung (wenn diese überhaupt vorhanden war) seinem Auftreten und Gehabe und seinen politischen Zielen und seiner Konfession kein Preuße. Der süddeutsche Raum hat nicht allein eine andere politische Geschichte als der nordöstliche, in dem Preußen Gestalt annahm. Gewiß haben beide Bereiche letztlich eine gemeinsame Ausgangsposition mit dem mittelalterlichen christlichen Kosmos des Abendlandes, aber weder ein Friedrich Wilhelm I. noch ein Immanuel Kant wären aus dem römisch-katholisch geprägten süddeutschen Raum denkbar. Zwar greift Preußens Fundament auf die Regeln des Deutschen Ordens zurück, unterliegt aber später den formenden Kräften des evangelisch-lutherischen und reformierten Bekenntnisses, in dem die Regeln des Ordens gleichsam in die innerweltliche Askese Luthers aufgenommen werden. Das heißt nichts weniger, als daß die Nachfolge Christi nicht dem Mönchsstand in bevorzugter Weise vorbehalten bleibt, sondern jedem Christen in seinem Stande und dessen Bedingungen zur Auflage gemacht wird. Die Exclusivität des Mönchtums entfällt. Das christliche Ethos wird zur Bewährung des Glaubens selbstverständliche Pflicht jedes einzelnen, ob er Fürst oder Kuhmagd ist. Das entzückende, in seiner Anschaulichkeit kaum überbietbare Wort Luthers, daß die Kühe es wohl fühlen würden, ob die Magd eine Christin sei oder nicht, die die Kühe betreut, weist gerade das Anliegen der innerweltlichen Askese aus.

So werden unter dem Erfordernis der staatspolitischen Raison, das heißt, daß es eine für die Erhaltung des Staates notwendige Vernunft geben muß, die jeder Untertan anzuerkennen hat, entsprechende Folgerungen gezogen. Wie soll die Ordnung gewährleistet werden können, wenn Deutsche, Polen, Litauer, Franzosen, Rheinländer, Hessen etc. nicht zu einer funktionablen Gemeinschaft unter einem für alle nützlichen Gesichtspunkt, dem des Vorrechtes des Staates, zusammengezogen werden! Nicht die Nation, sondern der Staat macht das Wesen der preußischen Erscheinung und Gestalt aus. Auch hielt nicht die rassische Verwandtschaft, noch die Staatsgewalt die Menschen zusammen (Gewalt als widerrechtliche Macht), wohl der den Souverän wie den Untertan verpflichtende Dienst, in dessen komplexer Vielgestalt jeder zu seinem Rechte kommen mußte. Die sittliche Bewährung jedes einzelnen war der Grund des Bestandes, in dem jeder im Rahmen der Stände das erhielt, was ihm nach seiner Leistung zustand. So wurde nach dem Leitgedanken: *Jedem das Seine* - der innere Friede gewahrt. Es ging dabei um eine organische Gerechtigkeit, nicht um eine mathematisch-sozial fixierbare Gleichheit. Daher mußte in Preußen der Rechtssicherheit „vor dem Gesetz sind alle gleich“ - der Untertan wie der König - eine entscheidende Bedeutung zufallen. Selbst Wilhelm II., der 1912/13 seinen Domänenpächter von Kadinen beleidigt hatte, mußte, weil er gegen Treu und Glauben verstoßen hatte, ein hohes Schmerzensgeld als König von Preußen aufgrund des unabhängigen Gerichtsurteils zahlen. Eine weitere Auszeichnung dieses Staates, der ihn weit über die Niederungen der NS-Intoleranz, der rassischen und religiösen, stellt, ist die Toleranz. Gewiß war die Duldsamkeit nicht allein eine Pflicht aus dem Humanitätsbewußtsein der Aufklärung, sondern ein staats- und innenpolitisches Erfordernis. Soviel fremde Menschen, soviel Bekenntnisse und religiöse Gemeinschaften! Das ging nur mit der objektiven Toleranz, zumal das Volk das Kapital des Staates war. Wie der König so seine Beamten - sparsam und korrekt! Wehe dem, der sein Amt mißbrauchte! Es ging ihm schlecht. Man vergleiche den preußischen Beamten mit dem nationalsozialistischen Amtswalter. Hatten sich doch die Gaukönige in der kurzen Zeit alle bereichert! Die moralische Integrität gehörte zum Offizier, zum Beamten aller Ränge. Spiel, Trunk, Lauheit und Eigennützigkeit disqualifizierten. Sparsamkeit und einfache Lebenshaltung sind ebenso sprichwörtlich preußische Tugenden.

Die gedankenlose Rede von Preußen als Mutterschoß der NS-Bewegung kommt einer Verleumdung gleich. Auch der dem preußischen Ethos angehängte Kadavergehorsam ist insofern falsch, als persönliche Verantwortung (allerdings mit allen sich eventuell daraus ergebenden Konsequenzen) von dem Einzelnen erwartet wurde, die dann dem Befehl zuwiderlaufen mußte. Unter der braunen Herrschaft war ein solches Verhalten strafwürdig. Der Diktator machte sich durch die von ihm verantworteten Verbrechen unwert. Der König von Preußen sah darauf, daß nicht einmal ein Gedanke an eine solche Handlungsweise aufkam. Er mußte würdig als Eidnehmer bleiben.

Und dennoch gibt es zwischen dem Verhalten der in diesem Geiste erzogenen Offiziere und dem NS-Staat eine tragisch-schuldvolle Verbindung, indem man Hitler mit einem demokratisch gewählten Präsidenten oder einem König gleichbehandelte, wiewohl man wußte, was dieser Mensch an Absichten und Verbrechen hinter sich und vor sich hatte. Das preußische Gehorsamsethos setzte stets die Integrität des Souveräns voraus. Einschränkungen hat sich Friedrich II. bei seinen Präventiveinfällen erlaubt, mit denen er im ersten schlesischen Krieg Vorteile aus der Situation des Todes des deutschen Kaisers zu nützen suchte, und am Anfang des Siebenjährigen Krieges ging es darum, angesichts der gewaltigen Übermacht der Koalition gegen Preußen dem Feind im Angriff zuvorzukommen. Das Verfahren ist dennoch nicht zu entschuldigen, höchstens aus der bedrängten Lage des Königs zu erklären.

Nicht allein der verdienstvolle Jude Joachim Schoeps, der sein ganzes Lebenswerk, seine Begabung und seinen schriftstellerischen Fleiß für den Kampf um Gerechtigkeit für das liberal-tolerante Preußen einsetzte und sich damit den Ruhm eines aufrichtigen Maklers für dieses Staates Ehre erworben hat, auch andere wie Sebastian Haffner, die im voraus nicht einer Vorliebe für Preußen verdächtig sind, lehnen Verdächtigungen ab, die die Ehre dieser geschichtlichen Größe mit der Unehre des Hitlerschen Staates vermengen wollen:

Hitlers Verhältnis zu Deutschland hatte von Anfang an Seltsamkeiten aufgewiesen. Einige englische Historiker haben im Kriege zu beweisen versucht, daß Hitler das sozusagen vorbestimmte Produkt der ganzen deutschen Geschichte gewesen sei; das von Luther über Friedrich den Großen und Bismarck eine gerade Linie auf Hitler zulaufe. Das Gegenteil ist richtig. Hitler steht in keiner deutschen Tradition, am wenigsten in der protestantisch-preußischen, die, Friedrich und Bismarck nicht ausgenommen, eine Tradition nüchtern-selbstlosen Dienstes am Staatswohl gewesen ist. Nüchtern-selbstloser Dienst am Staatswohl aber ist das letzte, was man Hitler - auch dem erfolgreichen der Vorkriegsjahre - zubilligen kann ... aber während Luther in vielen Zügen den deutschen Nationalcharakter geradezu personifiziert, paßt Hitlers Persönlichkeit zum deutschen Nationalcharakter ungefähr so, wie seine Parteitagsbauten nach Nürnberg paßten - also wie die Faust aufs Auge ...

(Haffner, S. 201-203)

Neben allen Beobachtungen und Erfahrungen, die zur Beurteilung eines Sachverhaltes bereitstehen, ist doch die eigene Erfahrung im Elternhaus und in der Schule die wichtigere. Wie ein Preuße dachte und handelte, wie er sich hütete, Illusionen nachzuhängen, die praktischen Tagespflichten und den Dienst am Staate für selbstverständliche Obliegenheiten anzusehen, sich vor Betrug zu hüten, nicht materialistischen Zielen sein Leben auszuliefern, das Leben aus wortkarger evangelischer Frömmigkeit mit Kindern und Kindeskindern zu tragen und keinen Himmel auf Erden zu erwarten, seine Knie in Demut vor dem höchsten Richter zu beugen, kaum etwas zu erhoffen, was man sich nicht selbst erarbeitet hat und die Obrigkeit zu ehren und ihr zu vertrauen und vieles andere mehr, Bescheidenheit und Unbestechlichkeit, das habe ich in meinem Elternhaus gelernt, das zuerst ein preußisches und dann ein deutsches war. So lebten und dachten wir als Stadt- und Landkinder Ostpommerns und freuten uns in dieser grundsauberen Gesinnung, nur dem Edlen zu gehören, des Lebens und waren darum ahnungslos, als auch über unsere Heimat mit täuschenden Visionen und Erfolgen jene Nacht hereinbrach, die uns zuerst unsere Freiheit des Geistes und der Seele beschattete und uns danach in dem Inferno die Heimat und Freunde und Verwandte raubte. Ein preußisch verantwortetes Schicksal war es nicht, das wir hinnehmen mußten. Die Erinnerung an diesen Staat und dessen Ethos darf uns bleiben - als guter Wegweiser in eine Zukunft, deren Gestalt von unserer Bereitschaft abhängt, im Abstand der Jahrzehnte die gültigen Kräfte und Werte aus der Turbulenz des Zeitgeistes zu retten, die, in Jahrhunderten gelebt, wie ein Postament vor uns stehen.

Aus meinem Vortrag über Friedrich Nietzsche

Der Prophet eines neuen Glaubens

gehalten im Sommer 1943 vor Frontoffizieren, die sich in Nömme bei Reval erholten.

Der Übermensch ist der „neue Gott", gezeugt aus einem Übermaß der Egozentrik! Nietzsches einzigstes Kind! Die Bestimmung dieses Götzen liegt in der totalen Herrschaft über Millionen Menschen, die sich mit dem Los des Herdenviehs zufrieden geben müssen. Die Millionen sind höchstens der Boden, dem dies instinktsichere Raubtierwesen entspringt. Je mehr Löweninstinkte dieses „Menschenwesen" hat, umso mehr erfüllt es seine Aufgabe, Herr zu sein, Verkörperung des absoluten (von allen Einschränkungen losgelösten) Machtwillens. Wir Menschen sind nur dazu da, um für dieses anormale Wesen Sklaven und Mittel zum Zweck zu sein. Die höchste Höhe erreicht Nietzsche erst durch die Gewißheit, er sei selbst das Wesen. So phantastisch dieser Traum vom neuen „Gott" ist, der infolge seiner Macht auch das Recht hat, sofern man hier noch von Recht sprechen darf, und sei es, Millionen für sich verbluten zu lassen, ist auch der Gedanke von der ewigen Wiederkehr. Dazu verhilft ihm eine Offenbarung an dem Schweizer See Silva-Plana im Jahre 1881, also etwa neun Jahre vor seinem Wahnsinn. „Ewig wiederkommend die gleiche Qual." Der Philosoph leidet entsetzlich unter dieser Gewißheit. Er wünscht, daß ihm einer diese Wahrheit zur Unwahrheit macht. Das Netz der Phantastereien verdichtet sich. Rätsel über Rätsel! Es stehen Wahnideen gegen die Wirklichkeit, die der Mensch ohne Verbindung mit dem Träger und Erhalter derselben nicht bewältigen kann. Und dennoch werden diese Vorstellungen und Gewißheiten in dieser Klarheit und Folgerichtigkeit nur möglich, weil Nietzsche über die Kraft der Intuition und die Helligkeit und Konsequenz verfügt, die seinen philosophischen Genius das Letzte an Auswegslosigkeit zu erfassen zwingt - in jener Feststellung Morgensterns, daß derjenige, der über unser Dasein nachdenke, notwendig wahnsinnig werden müsse (siehe oben).

Was bleibt zurück - unter diesem ewigkeitlichen (d.h. niemals aufhörenden) Druck des Leidens?! Ein müdes Herz, ein unsteter Wille, Flatterflügel, ein zerbrochenes Rückgrat! Dies Suchen nach einem Heim! Wie will ein solcher Heimatloser Heimat in der totalen Fremde des Seins haben, die er selber wählen muß - ?!

„Oh, Zarathustra, weißt du wohl, dies Suchen war meine Heimsuchung. Es frißt mich auf, wo ist mein Heim? Danach fragte und suchte ich, da fand ich nicht, o ewiges Überall, o ewiges Irgendwo, o ewiges Umsonst!" Trotz dieser inneren Katastrophe und Ausweglosigkeit bleibt der Philosoph hartnäckig bei seiner Verneinung, ja bei seiner Verneinung des christlichen Glaubens. Je tiefer das Erleiden der Heimatlosigkeit, desto schreiender, gräßlicher und haßerfüllter werden seine Schmähworte gegen Christus. Er hatte ihm zwar nichts getan, aber er selbst kann die Erscheinung Christi nicht dulden, diesen Mann der gottinnigen Ruhe und der all das besaß, wonach sein Herz brennend verlangte. Er kann den „Hebräer" nicht verstehen! Wie sollte er den annehmen können, der eine völlig andere Welt verkörperte, in dem sich Erde und Himmel zusammenfanden, also die ganze Wirklichkeit. „Glaubt es mir, meine Brüder, er starb zu früh, er selbst hätte seine Lehre widerrufen!" Das Herausfallen aus der christusgebundenen Geborgenheit ist ein Schicksal, eine geistige Lawine, die den abendländischen Menschen umgreift, die Fundamente seines weltanschaulichen Hauses hochhebt und das Gebäude, in dem er seinen Frieden fand, zusammenstürzen läßt. Gottentfremdung, ja Gottlosigkeit ist nicht das Ergebnis oberflächlichen Denkens, sie ist auf ihre Weise eine neue Bindung mit unheimlichen Folgerungen. Nietzsche weiß sich von dorther berufen, gegen die Geistlichen, die Prediger des langsamen Todes, zu wettern und sie übel zu verdächtigen. Aber bei allem Ekel, den er vor der Welt seines Elternhauses und der christlichen Kirche aussprüht, hilft ihm sein neuer „Gott", er selbst oder Dionysos, der Gott des Rausches, wenig. Für ihn ist die Kirche eine Art von Staat, aber die verlogenste. Er zieht das Neue Testament in den Schmutz, während er das Alte anerkennt. Er kann das Zeugnisbuch nicht billigen, das angeblich die Verneinung des Lebens, eine unterirdische Verschwörung, eine Sklavenmoral enthalte. Das Christentum selbst ist nach seiner Meinung aus der Rache der Enterbten entstanden, es züchte Schafe statt starke Naturen, proklamiere das Mitleid statt den Willen zur Macht, es sei lebensfremd und weltflüchtig. Konventikelluft, Rokoko, lukullische Süßlichkeit, Demut und Wichtigtuerei, Feigheit und Selbstbetrug, das ist für ihn das Christentum! Der Lästerkatalog soll nicht fortgesetzt werden. Es ist genug. Aber die Spitze dieses aufgehäuften Drecks muß zitiert werden:

„Ich verurteile das Christentum. Ich erhebe gegen die christliche Kirche die furchtbarste aller Anklagen, die je ein Ankläger in den Mund genommen hat. Sie ist mir die höchste aller denkbaren Korruptionen, sie hat den Willen zur letzten, nur denkbaren Korruption gehabt. Ich heiße das Christentum den einen großen Fluch, die eine große, innerlichste Verdorbenheit, den einen großen Instinkt der Rache, dem kein Mittel giftig, heimlich, unterirdisch und klein genug ist. Ich heiße es den einen unsterblichen Schandfleck der Menschheit." Ich meine, solche Worte hat die Menschheit noch nie gehört. So sieht der Antichrist aus. Ein schrecklicheres Antlitz kann er nicht haben.

Mit einem brausenden Finale schließt die Anklage, dann schweigt das Instrument, und es folgt Totenstille! Wir sehen den Frevler gestürzt am Boden liegen. Es kommt die Nacht des Wahnsinns, das Gericht! Welch ein Kontrast und unüberbrückbarer Gegensatz, ja Feindschaft - gegen den, der da sagte: wer unter euch kann mich einer Sünde zeihen?! gegen den, der den Ärmsten der Armen hilft, Kranke heilt, letzte Wahrheit verkündet, alle Menschen ohne Unterschied unter dem Himmel seines Vaters vereinen möchte, der seinen Gehorsam vor seinem

Vater einsam und unter tausend Wehen und Qualen vollendet und der mit dem Bittruf: „Vater, vergib ihnen“ sich von seinen Verfolgern und Mördern verabschiedet und aufersteht und seinen Jüngern als der Herr erscheint und in Milliarden Menschenherzen das stille Leuchten des göttlichen Friedens schafft! Suchen wir eine Erklärung für diese Wutausbrüche, so ist diese in der Umwertung aller Werte, in dem Abschied von der Wahrheit schlechthin und in der Absage an das Urverhältnis des Menschen zu seinem Schöpfer zu finden, wonach in der Seele des Menschen der Unfriede und die fortschreitende Selbstzerstörung anheben müssen. Theodor Ziegler äußert sich hierzu in seinem Buch über Nietzsche: Diese Übertreibungen des Hasses richten sich selber; wer so maßlos schimpft, hat Unrecht und tut Unrecht, wie Nietzsche selbst sagt: „Niemand lügt so viel wie der Entrüstete“.

Darüber hinaus meint der gleiche Autor, Nietzsche sei selbst auf dem Wege zu dem großen Symbolisten, zu Jesus! Des Philosophen letzter Brief an Brandes vom Jahre 1889 kündet die Heimkehr dieses Gottlosen und Gottsuchers zugleich an. Aber den Weg ins göttliche Vaterhaus findet er nicht mehr. Er versinkt in der zerstörenden Kraft des Unglaubens. Lou André Salomé, deren Liebe Nietzsche zu gewinnen suchte, bekennt: „Er sei eine tiefreligiöse Natur gewesen, er sucht Gott zeit seines Lebens und fand ihn doch nicht“.

Wer lieben will, hier kann er es auch beweisen - an denen, die die Worte schrieben: „Wache, wache o Jugend Europas, dein Größter sehnt sich nach seinen Kindern und nach seinen glücklichen Inseln; nie war deine Aufgabe größer, an dir liegt es, ob du aus einem Chaos von Dreck ein neues Haus Europas baust im Geiste Nietzsches!“

Wer so redet, verdient nur Mitleid. Nur Toren können so reden, Lieblose oder Schwärmer, die ohne Bedenken das Chaos des religiösen Nihilismus heraufbeschwören wollen.

Mitten im Strome der Zeiten und Völker, auch der großen Ereignisse und politischen Bewegungen, mitten im Meer der Geister, die sich selbstmächtig mit dem Himmel vereinen wollen, stand und steht die Gestalt Jesus Christus fest. An ihr ist auch Friedrich Nietzsche zerschellt. Vor diesem Gottgesandten, dessen Reich nicht von dieser Welt ist, haben sich die Größten gebeugt, auch der von Friedrich Nietzsche als Übermensch so hochverehrte Napoleon nach seiner Gefangennahme. Christus verneint nicht wie der Prophet des neuen Glaubens, sondern vollendet.

Darum heißt seine Predigt nicht: verflucht sei, was bisher war, sondern Wahrhaftigkeit, Glaube, unerschütterliches Vertrauen zu dem ewigen Gott, Leben aus dem Diesseits und Jenseits, Liebe in der Gemeinschaft unter uns und Reinheit des Herzens. Friedrich Nietzsche, der Prophet eines neuen Glaubens, der Künder des Antichristentums und der Gottlosigkeit, des Hasses und der Verneinung! All sein Wüten half ihm nichts, das Ende war die Kapitulation, der Zusammenbruch. Es gibt eine Wahrheit, die tastet niemand ungestraft an und sie heißt: „Gott, Du hast uns zu Dir hingeschaffen, und unruhig ist unser Herz, solange es nicht ruht in Dir!"

Wer aber bestätigt diese Wahrheit glaubwürdiger als der, der von sich sagte: „Wer ist gottloser denn ich, daß ich mich seiner Unterweisung erfreue!" Und der danach bekennen muß:

Ach, komm zurück mit allen deinen Martern,
zum Letzten aller Einsamen, komm zurück.
All meine Tränenbäche laufen zu Dir den Lauf,
und meine letzte Herzensflamme, Dir glüht sie auf -
o komm zurück, mein unbekannter Gott,
mein Schmerz, mein letztes Glück!

Nach diesem Vortrag, der vom Oberst des Offiziererholungslagers in Nömme bei Reval erbeten worden war, erfolgte Anzeige gegen meine Ausführungen, war doch Nietzsche der Philosoph der NS-Bewegung. Nach dem Erlaß Hitlers vom April 1941, nach dem Vorträge dieser Art verboten waren, hätte der Fall weitreichende, sehr gefährliche Folgen haben können. Es gab zuviel Anklänge zwischen dem Denken Nietzsches und dem der Partei und deren menschenverächtlicher Praxis. Um mich zu schützen, übernahm in ritterlicher Weise der Oberst die volle Verantwortung und regelte die Angelegenheit ohne Aufsehen mit dem Oberkommando des Heeres. Hatte ich wieder einmal einen Schutzengel?

Abschied unter gehorsamen Sternen

Mein Bereich von Gotenhafen bis Stolpmünde war nunmehr in russischer Hand. Das neue Kommando lautete: Erste Marine-Infanterie-Division an der Oderfront.

Auf der Reede von Hela lag das Schiff des Admirals Burchardi, das bis zur Halskrause beladen wurde. Es war ein Zwei-Schornsteiner, auf welches es die russischen U-Boote abgesehen hatten. Ich beobachtete einen hohen Heeresverwaltungsbeamten in einer Art Generalsuniform, der mit seinem Stab Ansprüche anmeldete. Die Zeit für ein solches Benehmen war vorbei, und er mußte sich mit seinen Begleitern auf ein kleines Fahrzeug begeben, das zu Wachzwecken eingesetzt wurde.

Es war der 2. April 1945. Wenn die Sowjets auch mit schweren Bomben von dem Einsatzhafen Reitz bei Stolp die schmale Landzunge bombardierten, so richteten sie doch wenig aus. Der Dünensand verschluckte die schwere Last und machte sie unwirksam. Die deutschen Truppen verteidigten bis zum Waffenstillstand die Enge der Halbinsel - stets in der Hoffnung, doch noch nach Westen abgefahren zu werden. Unser „Kahn" setzte sich am Abend dieses Tages in

Bewegung und nahm den üblichen Kurs gen Westen. Es war ein sternklarer Abend mit einem Hauch des Vorfrühlings. Die See lag ruhig da, und nur unser Schiff riß die graublaue Wasserfläche auf, während unweit von uns die Geleitfahrzeuge das gleiche Tempo einhielten, um jederzeit zur Stelle sein zu können. Die Gefahr, an der Stolper Bank torpediert zu werden, war nicht geringer geworden. Da ich mich nach der Fahrtgeschwindigkeit erkundigt hatte, wußte ich ungefähr, wo unser Schiff stand. Ich ließ mir von einem „Lord" eine Schwimmweste geben und verfolgte unseren Weg an der Küste des Korridors und Hinterpommerns wach und aufmerksam. Ich sah bei der anbrechenden Nacht zu der sprechenden Schönheit des Sternenhimmels und dessen Majestät hinauf, wie Meer, Atmosphäre und Sternenzelt in einem gehorsamen Schweigen verharrten. Dort oben in der Welt, die außerhalb der Reichweite des kleinen Menschen steht, walten Gesetze, die die Ordnung des Universums garantieren. Und die Weltkörper bewegen sich gehorsam in ihrer Bahn zum Lobe des einen großen Herren, der allein Unsterblichkeit hat und der unser kleines Nachdenken zu sich hinaufzieht, so lange wir leben. Wie widersprüchlich ist, so dachte ich, die Wirklichkeit dieser durch Ordnung zum Frieden verpflichteten Welt zu der Menschen Geschichte, die ein Gerangel zwischen ungehorsamen und eigenmächtigen Geschöpfen ist. Die Weltgeschichte zieht durch die kurzen Zeiten, an der Ewigkeit gemessen, eine blutige Spur, die teils von eigenwillig erhaschten Lorbeerkränzen, teils von blutgierigen Dämonen umsäumt ist. Wenn wir Menschen doch - nur um unserer selbst willen - soviel Vernunft und Einsicht besäßen, wie die Gesetze der kleinen und großen Welt, des Mikro- und Makrokosmos an Geist zeigten, an Kraft und Vernunft dessen, der sie erschuf.

Und alles, was in meiner Seele in diesen Stunden aufbrach, hatte seinen Grund nicht in einer romantischen Aufwallung meiner Gefühle, sondern in dem Mitleiden mit meiner Familie, die nun schon seit mehr als drei Wochen in der Hand der russischen Soldateska war. Was hatten meine Eltern, die ihr Leben lang fleißig für sich und ihre Kinder gearbeitet hatten und nun vor dem völligen Ruin ihres Lebenswerkes standen und dem Hunger und der Gewalttätigkeit der Männer aus dem Osten ausgesetzt waren, zu erdulden?! Was für ein Geschick mußten meine jugendlichen Schwestern und meine Schwägerin erleiden? Würden sie genauso entwürdigt werden, wie Millionen andere deutsche Frauen? Würden sie einen Schutzengel in unserem Russen haben, den meine Eltern wie einen Familienangehörigen behandelten oder in meinem Vater, der die menschliche Unmittelbarkeit aus dem Augenblick heraus auf einen wildfremden Menschen beziehen konnte und ihn damit mäßigte und möglicherweise entwaffnete? Würden übervernünftige Schutzmächte am Werke sein, die arglosen, unschuldigen Geschöpfe zu behüten? Ich machte mir berechtigte Sorgen. Wie viel mehr wären diese über meinem Herzen aufgestanden, wenn ich über die grausamen Züge nach Graudenz, über die Menschenverachtung der Eroberer, denen ein deutsches

Leben nichts wert war, gewußt hätte? Ich wäre auch nicht getröstet, wenn ich um den Hungertod der russischen Kriegsgefangenen eine Kenntnis gehabt hätte. Wer Mensch geblieben war, konnte nur über das von Menschen verursachte Elend hüben und drüben trauern, gab es doch für ein solches Herz keinen Unterschied, ob eine deutsche oder russische Mutter um ihre Kinder weint. Die erhabene Stille unter dem Sternenhimmel, nur ein wenig umrauscht vom Aufbrechen des Meeres, ist wie eine Tafel, auf der die Herioglyphen des Lebens, einer so schrecklichen Periode in starken Buchstaben erscheinen. Da ist alles deutlich, nichts zu übersehen und wer die Zeichen liest, entdeckt hinter ihnen eine Unheimlichkeit, die man nicht verscheuchen kann.

Und ich dachte an meine Kindertage in jenen einfachen Verhältnissen des ostpommerschen Lebens, das nicht von ideologischen Göttern gequält wurde, sondern in der Ehrfurcht vor dem Wunder der Schöpfung und im fleißigen Dienst, in der einfachen Arbeit und in der Bescheidenheit des gesamten Lebenszuschnittes, seine unauffällige Würde besaß. Nichts hatte mich so gefangen genommen, wie das schweigende Geheimnis der Umwelt in Wald und Feld, das ich früh als Schöpfung Gottes zu bestaunen lernte, wie es einem Wanderer ergehen mag, der in einem fremden Lande durch Schluchten und über Höhen hinweg zu immer neuen Perspektiven gelangt und niemals aus dem ihn beglückenden Sichverwundern herauskommt.

Das Schiff F III zog ruhig seine Bahn. Nichts Außergewöhnliches geschah. Wäre es zur Katastrophe gekommen, so wäre das Landen am pommerschen Strand nicht die Einkehr in die Heimat gewesen, sondern das Erscheinen vor dem riesigen Sack der Sowjetunion, der Millionen Menschen, ob Kinder, Frauen, Greise und andere verschlang. Wie wäre dann unsere Lebensbahn verlaufen?!

Als könnte nichts Ungewöhnliches geschehen, so saßen meine katholischen Amtsbrüder in einem mahagonigetäfelten Raum und spielten Karten. Das war eine mögliche Ablenkung, eine Sperre gegen die Beschäftigung mit dem Leid der Tage und der Zukunft unseres Vaterlandes, die für mich wenig und gar nichts hergab, und deshalb erfreute ich mich lieber an Deck am Aufgang der Sonne, die kein Bote der Hoffnung für meine Heimat war. Wer wußte damals, wer wagte sich überhaupt das vor Augen zu malen, was die Sieger mit dem gequälten deutschen Volke vorhatten? Seit Jahren ohne jede Nachricht von draußen! „Wer Feindsender hört, wird schwer bestraft." Wir saßen allesamt in einer schalldichten Zelle und nur aus den Schimpfkanonaden der immer ohnmächtiger werdenden nationalsozialistischen Propagandisten konnte man sich ungefähr die Umrisse erstellen, die dann später mit den ihnen entsprechenden Inhalten und Bildern gefüllt werden würden. Wer hätte jemals daran gedacht, daß der Osten Deutschlands die Zeche dieses Krieges würde bezahlen müssen, der von Fanatikern aus dem Südosten angezettelt wurde. Wer ahnte es, daß ausgerechnet ein Österreicher dazu ausersehen war, im Rahmen seiner Weltmachtpolitik den Jahrtausende-Traum der Polen zu erfüllen, Pommern zu erobern. Wie widersprüchlich ist der Verlauf der Geschichte! Ein polnischer Fürst ruft den Deutschen Ritterorden gegen die Pruzzen zu Hilfe, und nach 1945 beanspruchen die Polen das Land Ostpreußen, das ihnen nie gehört hat, für das sie in späteren Jahrhunderten nach 1410 (Schlacht bei Tannenberg) die Lehnshoheit für kurze Zeit hatten! Wie bestialisch verändert sich menschliches Verhalten, - im Schlag und Gegenschlag? Wo sind die Träume der Aufklärungszeit geblieben? Rache ist stets maßlos und schafft neues Unrecht. Humanität und Gerechtigkeit sitzen in qualvoller Enge beieinander. Die Erinyen, einst die Rachegeister gegen Kinder, die ihren Eltern Unrecht angetan hatten, nunmehr wie Furien, die über das deutsche Land hinrasen, um in einem Sturm beschämender Menschenverachtung das Land von den rechtmäßigen Besitzern freizufegen.

F III, der Zwei-Schornsteiner, lief am 8. April, von der Alliierten Luftwaffe unbehelligt, in den Kieler Hafen ein. Noch vier Wochen und die Tragödie war zu Ende.